LE PATIENT,
LE THÉRAPEUTE ET L'ÉTAT

DU MÊME AUTEUR

Un discours au réel, Mame, 1973.

L'Inconscient et ses lettres, Mame, 1975.

Pour une politique de la psychanalyse, Maspero, 1977.

La Psychanalyse mère et chienne, en collaboration avec Henri Deluy, UGE, coll. « 10/18 », 1979.

« Céline et Semmelweis : la médecine, le délire et la mort », dans *Les psychanalystes parlent de la mort*, Tchou, 1979.

Les Maîtres de la langue, en collaboration avec Yvan Mignod, Jean-Marc Gayman et Françoise Gadet, Maspero, 1979.

Théroigne de Méricourt. Une femme mélancolique sous la Révolution, Seuil, 1989.

Penser la folie. Essais sur Michel Foucault, en collaboration avec Georges Canguilhem, Jacques Postel, François Bing, Arlette Farge, Claude Quétel, Agostino Pirella, René Major et Jacques Derrida, Galilée, 1992.

Jacques Lacan. Esquisse d'une vie, histoire d'un système de pensée, Fayard, 1993.

Histoire de la psychanalyse en France, vol. I (1982, 1986), vol. II (1986), Fayard, 1994.

Généalogies, Fayard, 1994.

Dictionnaire de la psychanalyse, en collaboration avec Michel Plon, Fayard, 1997.

Pourquoi la psychanalyse ?, Fayard, 1999.

Au-delà du conscient, en collaboration avec Jean-Pierre Bourgeron et Pierre Morel, Hazan, 2000.

L'Analyse, l'archive, Bibliothèque nationale de France/Seuil, 2001.

De quoi demain... Dialogue, en collaboration avec Jacques Derrida, Fayard-Galilée, 2001.

La Famille en désordre, Fayard, 2002

Élisabeth Roudinesco

Le patient, le thérapeute et l'État

fayard

Ce livre est publié dans
l'*Histoire de la pensée*,
une collection d'essais chez Fayard

À Maud Mannoni, pour mémoire.

Si ce n'est toi, c'est donc ton frère.

Jean de LA FONTAINE.

Remerciements

Un grand merci à Roland Gori et Marie-José del Volgo, qui ont été présents tout au long de la rédaction de ce livre et m'ont confié de nombreux documents.

Merci à Philippe Grauer et Armand Touati, qui m'ont aidée à invalider bien des rumeurs sur la pratique des psychothérapies en France.

Merci également à Antoine Courban, qui a classé pour moi les différentes médecines dans la certitude de la valeur transhistorique du serment d'Hippocrate.

Merci enfin à Sergio Benvenuto et Paola Mieli pour leurs indications sur les relations de la psychanalyse et des psychothérapies avec l'État aux États-Unis et en Italie, lesquelles m'ont permis de les comparer aux dispositions légales dominant en France, en Grande-Bretagne et en Autriche.

Merci enfin à tous ceux qui m'ont apporté leur aide : Chawki Azouri, Françoise Caron, Jacques Derrida, François Régis Dupont-Muzart, Carmen Hernandez, Catarina Koltaï, Danièle Lévy, Henri Roudier.

I

Le charlatan

« Lorsqu'ils ont arrêté les communistes, je n'ai rien dit, car je n'étais pas communiste. Ils sont venus pour les socialistes, et je n'ai rien dit car je n'étais pas socialiste. Ils sont venus pour les dirigeants syndicaux, et je n'ai rien dit car je n'étais pas dirigeant syndical. Ils sont venus pour les Juifs et je n'ai rien dit, car je n'étais pas juif. Puis ils sont venus pour moi et il ne restait plus personne pour dire quelque chose [1]. »

L'effroi que l'on ressent à la lecture de ce témoignage tient à sa valeur de vérité universelle. Que l'on vive en démocratie ou sous le joug de régimes dictatoriaux, que l'on travaille dans une collectivité quelconque ou que l'on appartienne à n'importe quelle communauté, en bref, quelles que soient les

1. Témoignage du pasteur Niemöller à propos de la période nazie. Cité par André Sirota, *Figures de la perversion sociale,* Paris, EDK, 2003, p. 22.

circonstances historiques, on ne doit jamais céder ni à la procédure du silence ni à l'acceptation de l'arbitraire légal. Car si l'on entre dans la spirale de la terreur que nous inspire l'altérité, en croyant sauvegarder la paix dans son propre royaume, on perd d'abord l'honneur et ensuite la liberté. À terme, on favorise la guerre.

C'est pourtant à une telle procédure et à l'acceptation d'un tel acte qu'ont souscrit, le 12 décembre 2003, les représentants des plus puissantes sociétés psychanalytiques françaises[1]. Face à un ministre bienveillant et désireux d'inscrire dans le Code de la

1. La Société psychanalytique de Paris (SPP), l'Association psychanalytique de France (APF), toutes deux affiliées à l'International Psychoanalytical Association (IPA), fondée par Sigmund Freud en 1910, ainsi que l'Organisation psychanalytique de langue française (OPLF), l'Association lacanienne internationale (ALI) et la Société de psychanalyse freudienne (SPF). Seule l'École de la cause freudienne (ECF), fondée par Jacques-Alain Miller et soutenu notamment par Bernard-Henri Lévy, Jean-Claude Milner, Catherine Clément, Philippe Sollers et Jack Lang, a refusé de s'associer à cet acte auquel, par la suite, trois sociétés se sont ralliées : Espace analytique (EA), l'International des forums du champ lacanien (IFCL) et la Fondation européenne de psychanalyse, présidée par Moustapha Safouan : soit environ 3 500 psychanalystes sur un total de 5 000 répertoriés dans les annuaires et de six mille en comptant les non-inscrits. Étaient présents à cette réunion, dont j'ai publié le *verbatim* dans *Le Nouvel Âne* (3, janvier 2004) : Marilia Aisenstein, Gérard Bazalgette, Edmundo Gomez Mango, Patrick Guyomard, Claude Landman, Lilia Mahjoub, Charles Melman, Jacques Sédat, moi-même, Jean-François Mattei, ministre de la Santé, et son conseiller Alain Corvez. Un manifeste de février 2004, lancé à l'initiative de René Major, Michel Plon, Erik Porge, Franck Chaumon, Pierre Bruno, Pierre Marie, Cécile Drouet, Guy Lérès et Sophie Aouillé a appelé les psychanalystes indépendants à refuser cet acte. Il a recueilli 500 signatures. *Cf. L'Humanité* du 29 mars 2004.

santé publique une loi susceptible de « sécuriser » les « usagers » (c'est-à-dire les patients atteints d'un grand « mal de vivre ») contre les charlatans (c'est-à-dire les psychothérapeutes), ils ont réclamé d'être dispensés de toute forme de surveillance étatique, en échange de quoi ils ont remis officiellement entre les mains de l'État protecteur la « liste » de leurs membres consignée de longue date dans des annuaires disponibles à qui veut les consulter.

Mais qu'est-ce qu'une liste ?

Les listes, les inventaires, les annuaires, les catalogues – en bref, toutes les traces relevant d'une comptabilité ou d'un recensement – ont toujours servi de support tantôt à la création de procédés littéraires, tantôt à l'exercice du pouvoir d'État [1]. Anarchique, ordonnée ou déconstruite, la liste – *en tant que telle* – assure une pérennité à la chose nommée. Toute liste est de nature traumatique, car toute liste fait événement. Et c'est pour cette raison sans doute que les hommes, quelles que soient leurs cultures, ont toujours eu recours à des listes pour témoigner du fait que leur histoire ne se réduisait pas à un délire ou à une fiction. Dans les États démocratiques, où la transparence est de rigueur, la liste doit dire la norme et exclure le désordre. Mais, dans les régimes dictatoriaux, elle peut au contraire instituer la tyrannie en désignant l'altérité comme une anomalie ou une déviance.

1. Cf. Élisabeth Roudinesco, « La liste de Lacan », *Revue de la BNF*, octobre 2003.

Par leur geste hautement symbolique – la remise à l'État d'une liste de noms inscrits dans des annuaires –, les représentants des sociétés psychanalytiques se sont donc exclus du monde des psychothérapeutes, tout en s'intégrant à un pouvoir d'État qui les reconnaît – sans aucun diplôme spécifique – comme des non-charlatans, au même titre que les médecins et les psychologues titulaires de diplômes d'État. L'objectif du ministère de la Santé est de bannir les psychothérapeutes non diplômés de la cité, pour les remplacer par des médecins et des psychologues. En accordant aux psychanalystes un privilège discriminatoire, l'État les autorise donc, *de facto*, à devenir psychothérapeutes même s'ils ne sont pas diplômés.

Il y a là quelque chose d'aberrant. Car en effet, soit l'État ne reconnaît comme thérapeutes que ceux auxquels il délivre un diplôme universitaire – de médecine ou de psychologie –, soit au contraire il accepte que ce titre soit décerné à tous ceux qui, titulaires ou non de diplômes, pratiquent des thérapies après avoir été formés dans des associations privées. Dans le premier cas de figure, ni les psychanalystes ni les psychothérapeutes ne doivent être habilités en tant que tels par l'État s'ils ne sont pas, par ailleurs, titulaires de diplômes spécifiques, alors que dans le second, les psychothérapeutes doivent obtenir un statut identique à celui des psychanalystes, puisque les uns et les autres reçoivent leur formation dans des associations privées.

C'est bien parce que ce privilège accordé à la psychanalyse est intenable du point de vue de la loi que le ministre bienveillant, soucieux, en son âme et conscience, de devenir le protecteur de celle-ci en France, a réclamé la remise des listes et, mieux encore, la fabrication, pour l'avenir, d'un annuaire commun. Ayant décidé de faire la chasse aux charlatans, en obligeant les psychothérapeutes non diplômés à s'inscrire sur des listes préfectorales afin de les comptabiliser, de les recenser et de les expertiser, l'État ne pouvait en aucune manière – sous peine de manquement à la loi – accorder aux psychanalystes un statut d'exception.

Aussi leur a-t-il réclamé ce que Méphisto offre à Faust : un pacte de servitude volontaire. Pour ne pas être désignés d'office comme des charlatans, au même titre que les psychothérapeutes non diplômés, et pour ne pas être évalués par des représentants du pouvoir médical, qui se sont ainsi octroyé le droit de désigner ce qu'est ou n'est pas un thérapeute de l'âme, les psychanalystes engagés dans ce pacte ont gagné en exception ce qu'ils ont perdu en liberté. Ayant renoncé à leur éthique, ils pourront dorénavant se livrer entre eux, sans limite et en toute jouissance, à une chasse aux annuaires afin de mieux exclure, sans même que l'État s'en mêle, ceux qui, dans leurs corporations, seraient susceptibles d'être désignés comme des charlatans.

Par l'acte du 12 décembre, les représentants de la Société psychanalytique de Paris (SPP), qui se réclame d'un freudisme classique, ont réussi un coup de maître. Fréquentant régulièrement, depuis des années, les élus de la République à l'occasion de missions, de rencontres et de colloques divers – à l'Assemblée nationale ou au Sénat[1] –, ils sont parvenus à rallier à leur politique d'intégration de la psychanalyse au pouvoir médical trois des plus puissantes sociétés lacaniennes de France. L'ennemi commun, haï de tous, est le gendre de Lacan, Jacques-Alain Miller, incarnation de la légitimité du maître et animateur de la puissante École de la cause freudienne (ECF), fondée en 1981.

Les élus ont ainsi été bernés. Soucieux d'écarter les charlatans du traitement de la santé mentale par la mise en œuvre d'un nouveau Code de la santé, et de répondre ainsi aux plaintes des « usagers[2] », ils ont mobilisé comme conseillers des psychiatres et des psychanalystes qu'ils croyaient objectifs et attachés au bien public. En réalité, ils ont favorisé, sans le savoir, l'éclosion d'une chasse aux charlatans à l'intérieur même du champ psychanalytique français. Les psychanalystes de l'ECF sont en effet les seuls à avoir revendiqué publiquement la pratique de séances courtes et non chronométrées, ce qui les désigne comme des imposteurs aux yeux de leurs ennemis de la SPP, adeptes d'une autre technique de la cure.

1. On trouve trace de tous ces colloques sur divers sites du Net. Cf. en particulier celui qui s'est tenu le 23 mars 2000 à l'initiative du député Bernard Accoyer, lequel m'a affirmé, dans un entretien privé du 7 janvier 2004, qu'il ignorait à quels groupes psychanalytiques appartenaient ses « conseillers » psychiatres. On trouvera en annexe du présent ouvrage la liste des différents courants de la psychanalyse dans le monde, parmi lesquels figure le lacanisme.

2. Tel est le nom donné aux patients par le ministère de la Santé.

L'affaire se complique d'ailleurs quand on sait que, parmi les alliés lacaniens de la SPP, bon nombre revendiquent aussi la pratique des séances courtes. Ne risquent-ils pas d'être à leur tour désignés comme des charlatans par leurs alliés ? Autre problème : les membres de l'IPA appellent « cure psychanalytique » une pratique qui répond à des critères techniques très précis : elle doit être menée à raison de quatre ou cinq séances par semaine et avec des patients en position allongée. En revanche, ils appellent « psychothérapie psychanalytique » une cure menée en face à face et à raison de une ou deux séances par semaine. Au contraire, les lacaniens définissent comme cures psychanalytiques aussi bien celles qui sont menées en face à face que celles où le patient est allongé sur un divan. Le seul critère retenu est celui de la formation du thérapeute. S'il est psychanalyste, il est habilité à pratiquer des cures psychanalytiques quelle que soit la position du patient. Aux yeux des lacaniens, les psychothérapies – centrées sur la suggestion et la recherche de guérison immédiate – ne sont donc pas des cures psychanalytiques mais des techniques de guérison et d'adaptation à l'ordre du monde, même si des psychanalystes peuvent, dans des institutions diverses, y avoir recours.

Dira-t-on des uns qu'ils sont des charlatans et des autres qu'ils n'en sont pas ? Un même psychanalyste devra-t-il s'inscrire sur une liste de psychothérapeutes selon qu'il appartient à une école ou à une autre, et selon qu'il reçoit des patients assis ou étendus ?

Quoi qu'il en soit, pour la première fois en France, en vertu d'une loi de la République[1], des débats scientifiques sur la technique psychanalytique, qui se déroulent depuis quarante ans au vu et su de tous, sont devenus un enjeu pour le pouvoir d'État. Tout se passe comme si, désormais, l'État était autorisé, par des psychanalystes donneurs d'annuaires, à prendre parti, par ricochet, dans une querelle scientifique à propos de laquelle il n'a aucune compétence.

Au nom de la « sécurisation » des populations, et de la chasse aux imposteurs, demandera-t-on bientôt au Sénat ou à l'Assemblée nationale de donner un consentement éclairé sur la manière de traiter tel ou tel type de psychose, de cancer ou de maladie cardio-vasculaire ?

---

1. Un nombre impressionnant d'amendements ont vu le jour depuis l'année 2000. Cf. à ce sujet les chapitres II et V du présent ouvrage. C'est le 8 octobre 2003 que fut voté par l'Assemblée nationale, à l'initiative du député Bernard Accoyer, et à l'unanimité des 13 députés présents, un amendement au Code de la santé qui déclencha une polémique générale entre toutes les corporations de la psyché : psychologues, psychothérapeutes, psychanalystes, psychiatres. Avec l'accord des psychanalystes « donneurs d'annuaires », l'amendement fut ensuite réécrit par Jean-François Mattei et Francis Giraud, puis adopté au Sénat, en deuxième lecture, le 19 janvier 2004, comme suit : « L'usage du titre de psychothérapeute est réservé aux professionnels inscrits au registre national des psychothérapeutes. L'inscription est enregistrée sur une liste dressée par le représentant de l'État dans le département de leur résidence professionnelle. Sont dispensés de l'inscription les titulaires d'un diplôme d'État, les psychanalystes régulièrement enregistrés sur les annuaires de leurs associations. » En avril 2004, cet amendement a été de nouveau modifié par le député Jean-Michel Dubernard, puis renvoyé au Sénat. Les députés de gauche ont voté pour le retrait pur et simple de tous les amendements. Sous sa forme actuelle, l'article de loi (18 quater) sur l'encadrement des psychothérapies en France semble inapplicable

Ayant acquis la garantie, bien illusoire, que l'on ne toucherait pas à leurs écoles[1], et que seuls les psychothérapeutes seraient contraints de s'inscrire sur des listes, les psychanalystes signataires du pacte des annuaires sont donc entrés dans la spirale infernale du dépistage des charlatans. En un premier temps, ils ont pu constater que l'État avait à cœur de qualifier l'ensemble des praticiens qui s'occupent du « malvivre » afin de les évaluer. Et en un deuxième temps, après avoir été dispensés de la liste préfectorale, ils se sont mis à désigner les psychanalystes sans annuaires, ou simplement hostiles à la loi, comme des charlatans.

En témoigne, si nécessaire, la déclaration de Bernard Brusset, membre de la SPP. Aussitôt l'amendement voté par le Sénat, il s'est empressé, avec la complicité des « bons lacaniens » ralliés à sa politique des listes, de vouer aux gémonies les autres lacaniens, ceux de l'ECF, accusés d'imposture au prétexte qu'ils ne respecteraient pas les « normes internationales » imposées par l'IPA : « Quels que soient les apports très généralement reconnus de Lacan à la théorie psychanalytique, sa pratique est en rupture avec les normes internationales et avec la méthode freudienne d'association des idées. Les séances sans rendez-vous, leur durée variable mais souvent brève, peuvent être efficaces pour ceux qui ont les moyens de l'autoanalyse. L'aphorisme de Lacan "L'analyste ne s'autorise

1. Les associations ayant souscrit au pacte des annuaires se sont déclarées satisfaites et rassurées par la bienveillance du ministre et la réécriture de l'amendement. (Communiqué à l'AFP, 21 janvier 2004.)

que de lui-même et de quelques autres" a produit des abus et des dégâts, et parfois des escroqueries caractérisées. Elles pèsent lourd dans l'héritage alors même que d'excellents psychanalystes lacaniens sont revenus à des pratiques plus sérieuses et s'efforcent d'organiser des formations cohérentes au sein de leurs associations[1]. »

Entendons-nous bien : on peut et on doit critiquer la pratique des séances courtes[2]. Mais il est inacceptable que des psychanalystes puissent se servir de la puissance publique pour se livrer contre d'autres psychanalystes – quels qu'ils soient – à une chasse aux sorcières visant à faire triompher de prétendues « normes » contre de prétendues « déviances ». Car ces prétendues normes ne sont en aucune façon définies par l'État, pas plus d'ailleurs que les déviances, les transgressions ou les abus, puisque l'État ne reconnaît rien d'autre que les diplômes délivrés dans les universités. Autrement dit, l'État doit s'engager à ne pas intervenir dans ce genre de débat, et si certaines sociétés se réclament de la puissance publique pour régler leurs différends, l'État doit refuser de les cautionner afin ne pas outrepasser sa responsabilité.

À l'opposé de la chasse orchestrée par la SPP, une juriste et un philosophe ont eu le courage de s'interroger sur l'un des aspects essentiels de ce débat.

1. Site *Œdipe*, 25 janvier et 1er février 2004.

2. Comme je l'ai fait moi-même à plusieurs reprises. Sur cette question et sur la signification de la phrase de Lacan, cf. Élisabeth Roudinesco, *Jacques Lacan. Esquisse d'une vie, histoire d'un système de pensée,* Paris, Fayard, 1993.

Dans un texte intitulé « Laissez-nous nos charlatans » et signé par plusieurs psychanalystes, ils en appellent, contre la manie du contrôle médicalisé, à la liberté de choix des patients : « Nous qui sommes engagés dans une psychothérapie ou une psychanalyse, l'avons été ou pouvons l'être, demandons aux "autorités sanitaires" de bien vouloir cesser de nous protéger des charlatans. En effet, n'étant pas encore sous tutelle, nous pensons être capables de choisir à nos propres risques nos psychanalystes ou nos psychothérapeutes[1]. »

Mais qu'est-ce qu'un charlatan et pourquoi un État devrait-il se mêler de savoir qui a le droit et qui ne l'a pas de s'occuper de la souffrance de l'âme ?

Emprunté à la langue italienne en 1572, le mot signifie littéralement « habitant de Cerreto[2] » et au figuré « crieur sur les marchés », « bonimenteur » et surtout « vendeur de drogues » et de « bavardages ». À partir de la fin du XVIIe siècle, le terme désigne de façon péjorative les bateleurs, les arracheurs de dents, les vendeurs de soupe de crapauds, en bref, tout imposteur qui exploite la crédulité publique.

Toute société accorde une place à la figure de l'imposteur du fait même qu'elle ne peut fonctionner qu'en définissant clairement qui elle rejette et qui elle

1. Marcela Iacub et Patrice Maniglier, « Laissez-nous nos charlatans », *Le Monde*, 3 décembre 2003. Cf. également René Major, « La psychanalyse est-elle sécurisable ? », *Magazine littéraire*, 428, février 2004.

2. Village situé près de Spolète dont les habitants vendaient des drogues sur les marchés.

inclut en vertu des normes qu'elle s'est fixées. Ainsi le charlatan, quel que soit le nom qu'on lui donne, est toujours une figure structurale de l'hétérogène. Défini comme la part maudite[1], il est ce qui échappe à la raison ou au *logos.* Il est le diable, l'exclu, le sacré, la souillure, la pulsion, l'inavouable, la mort. Mais il est du même coup la drogue (*pharmakon*), le pourvoyeur de drogues (*pharmakos*), le drogué, le bouc émissaire ou le martyr qu'il faut punir pour que la cité se régénère. Le charlatan est donc un être double : il endosse la sanction, mais il est aussi la condition de toute sanction. Il est tout autant celui qui donne la guérison à l'aide de ses potions miraculeuses que celui qui distribue le poison. Empoisonneur ou réparateur, tyran ou misérable, le charlatan est l'*autre* de la science et de la raison, l'*autre* de nous-mêmes[2].

En France, c'est au lendemain de la Révolution, et à la faveur de l'invention de la clinique médicale, issue du « tablier » de Xavier Bichat[3], que naissent les nouveaux codes du savoir régissant les relations entre la maladie et le sujet malade. Ce dernier devient un « cas »

1. Cf. Georges Bataille, *La Part maudite,* in *Œuvres complètes,* t. VII, Paris, Gallimard, 1976.

2. Rappelons que dans la tragédie de Sophocle, Œdipe, après son crime, est passé du statut de sage et de tyran à celui de souillure et de bouc émissaire.

3. Xavier Bichat (1771-1802) : médecin et chirurgien français. Initiateur de la première médecine scientifique, qui s'épanouira ensuite avec François Broussais (1772-1838), Claude Bernard (1813-1878) et Louis Pasteur (1822-1895). En « ouvrant des cadavres », Bichat lie la clinique à l'anatomie et définit la vie comme l'ensemble des fonctions qui résistent à la mort. Cf. Michel Foucault, *Naissance de la clinique* (1963), Paris, PUF, 1972.

où s'inscrit l'universel de la maladie, et le symptôme un élément signifiant permettant la construction de vastes nosologies[1] et de puissants programmes de lutte contre les miasmes et les nuisances. De là émerge une conscience médicale, prédictive, normative, collective, fondée sur l'hygiénisme, et qui efface progressivement la notion de maladie vécue par le sujet et envoyée par Dieu. Apparaît alors la volonté étatique de la médicalisation de la cité[2]. La santé cesse d'être définie comme un état antagoniste de celui de la maladie, et les deux termes disparaissent progressivement du discours médical pour laisser place à une représentation du sujet, du corps et de la société centrée sur l'alternance de la norme et de la pathologie.

Aussi bien s'agit-il alors pour les responsables des politiques étatiques de santé, non seulement d'améliorer le sort des malades, mais d'assurer la protection du peuple en proie aux rituels des guérisseurs, des sorciers ou des distributeurs de potions magiques, et surtout hanté par la terreur des épidémies appréhendées comme un corrélat de la dissolution des mœurs et de la perte de l'autorité monarchique. À partir du 10 mars 1803, l'État met donc en œuvre les principes d'une médecine scientifique. À l'avenir, ses praticiens seront formés dans des facultés où ils recevront des diplômes, et tous ceux qui exercent encore leur art selon les traditions de l'Ancien Régime

1. Nosologie : système de classification des maladies.

2. La médecine d'État est née en Allemagne au début du XVIIIe siècle en même temps que la « science » d'État. Cf. Michel Foucault, *Dits et écrits,* t. III, Paris, Gallimard, 1994, p. 210-211.

devront faire enregistrer leurs titres sur des listes sous peine d'être assimilés à des charlatans, c'est-à-dire à des guérisseurs illicites[1].

Mais les choses ne sont pas si simples. À cette époque en effet, et pendant encore soixante ans, la médecine scientifique, même si elle est en train de se séparer de la tradition hippocratique des « humeurs », n'est pas encore capable de guérir les maladies qu'elle nomme et dont elle commence à comprendre le mécanisme physiologique. Autrement dit, au moment même où l'État inaugure sa grande lutte contre l'obscurantisme des croyances, la médecine n'a pas encore élaboré de traitements curatifs à offrir au public. Pour l'heure, Georges Cabanis se contente de poser cette question : « L'art de guérir est-il fondé sur des bases solides ? » En conséquence, la médecine demeure une science de l'observation et pas encore de l'expérimentation. Aussi doit-elle être enseignée dans des hôpitaux, où le patient devient un « cas », et non pas à l'université, où « l'on entend des livres sans voir la nature[2] ».

Si l'État enlève à l'Église la gestion de la santé publique, le peuple reste attaché à ses croyances, poussé en cela par les prêtres qui interprètent le malheur biologique comme une punition divine à laquelle chacun doit se soumettre. Et pour pérenniser cette morale de la souffrance nécessaire, ils préco-

---

1. Cf. Jacques Léonard, *La Médecine entre les pouvoirs et les savoirs,* Paris, Aubier, 1981.

2. Georges Canguilhem, *Études d'histoire et de philosophie des sciences,* Paris, Vrin, 1968.

nisent, contre la médecine des Lumières, le recours aux miracles, aux rosaires, aux neuvaines, aux pèlerinages, mais aussi aux pratiques plus païennes et plus occultes des panseurs, des loucheurs et des conjureurs de toutes sortes. Pendant un siècle, les médecins de la science cohabiteront ainsi avec les charlatans.

Et comme l'histoire du charlatanisne suit la même voie que celle de la science, les praticiens des savoirs occultes, loin de rester tributaires des anciennes techniques de guérison magiques, deviendront eux-mêmes des médecins titulaires de diplômes d'État. Mieux encore, ils emprunteront à la science ses méthodes, ses modèles, ses calculs, ses prédictions, ses médications, etc. Soucieux de combattre la science à l'aide d'une *autre* « science », ils se détacheront des prêtres et de la religion pour construire une « médecine » semblable, en apparence, à la médecine scientifique : ils lui donneront le nom d'homéopathie.

Inventée par Friedrich Samuel Hahnemann, un médecin allemand désireux de combattre l'inefficacité des traitements de la médecine scientifique dans la première moitié du XIXe siècle, l'homéopathie repose sur une thérapeutique dite des « hautes dilutions », laquelle consiste à produire chez l'homme sain des symptômes semblables à ceux de la maladie à combattre. Mais comme ces « dilutions » ne sont rien d'autre que des substances dépourvues de tout principe actif, cela signifie que lorsqu'elles produisent une sensation de bien-être chez un patient elles agissent par la suggestion, en vertu de ce que l'on nomme aujourd'hui un effet placebo [1].

Se comparant volontiers à la science en ce qu'elle recourt à la chimie, l'homéopathie est en fait une placébothérapie qui réhabilite le lien perdu par la médecine entre le malade et sa maladie, entre le thérapeute et le patient. Autrement dit, contre les excès d'une médecine scientifique étatisée, anonyme, centralisée, elle propose au sujet moderne un retour à une sorte de spiritualité animiste ou naturaliste, fondée sur des régimes alimentaires et sur une quête de l'unité de la personne.

On aurait pu penser qu'avec le formidable essor, tout au long du XXe siècle, d'une médecine scientifique réellement curative, l'homéopathie allait disparaître, au même titre que toutes les médecines dites « parallèles » héritées de la tradition populaire des guérisseurs. Il n'en fut rien. En tant que savoir occulte reposant sur un rituel de conjuration et puisant sa légitimité aux incertitudes de la raison, elle s'est déployée dans le monde entier à la manière d'un mouvement écologico-naturaliste, avec ses adeptes, ses écoles divergentes, ses scissions, ses « maîtres à penser », et surtout ses cérémonials thérapeutiques : prise sublinguale du remède à heure fixe, évitement de la menthe ou rejet d'autres substances jugées incompatibles, etc. Quant aux multiples études qui

1. On appelle aujourd'hui « placebo » une substance dépourvue de tout principe actif. Les laboratoires pharmaceutiques en utilisent le principe « en aveugle » (sur des patients) ou en « double aveugle » (sur des patients et à l'insu des médecins) pour tester des molécules actives.

ont apporté maintes fois la preuve de la non-activité de ses dilutions, elles n'ont fait que favoriser son succès auprès d'un public de plus en plus nombreux.

Officiellement légitimée en 1982, et désormais enseignée à la faculté de médecine, l'homéopathie est aujourd'hui pratiquée en France par des médecins qui ne se considèrent nullement comme des charlatans et qui, grâce à leurs diplômes, sont légalement reconnus par l'État comme d'authentiques thérapeutes[1]. Et pourtant, une grande partie de la corporation médicale s'oppose toujours à cette validation, comme en témoignent les déclarations officielles de l'Académie de médecine : « Il n'y a pas lieu, écrivait l'un de ses membres en 1985, d'officialiser un enseignement dont les bases ne reposent pas sur des données scientifiques. Faudra-t-il demain envisager d'officialiser la baguette du sourcier comme moyen diagnostique à côté du stéthoscope, et l'imposition des mains comme procédure thérapeutique » ? Et encore : « Les médecines parallèles constituent une régression renvoyant à une ère préscientifique de l'humanité[2]. »

L'homéopathie est ainsi à la médecine scientifique ce que les mouvements charismatiques sont à la religion :

1. Elle fait l'objet d'un diplôme universitaire dit de « médecine naturelle » au même titre que la mésothérapie, l'auriculothérapie, la phytothérapie, l'ostéopathie.

2. Déclarations du professeur Gounelle de Pontanel, *Le Figaro* du 4 avril 1984, et du professeur Sournia dans *Science et vie*, 150, mars 1985. Cf. également François Laplantine et Paul-Louis Rabeyron, *Les Médecines parallèles,* Paris, PUF, coll. « Que sais-je ? », 1987 ; et Jean-Marie Abgrall, *Les Charlatans de la santé,* Paris, Payot, 1998, p. 10.

une croyance imitant la vérité. « Peu importent, écrit Thomas Sandoz, les faiblesses des légendes thérapeutiques qui accompagnent l'homéopathie [...]. Celle-ci symbolise parfaitement une tentative légitime et réussie de redonner aux patients comme aux praticiens le sentiment d'être socialement et médicalement actifs. C'est bien peu au regard des sciences médicales, mais crucial du point de vue de la psychologie de la santé [1]. »

Pendant deux siècles, toutes les politiques dites de « santé publique » permirent à la médecine scientifique d'affirmer sa supériorité sur toutes les autres thérapeutiques – magiques, culturelles, ésotériques – sans jamais parvenir à les éradiquer.

À cet égard, l'homéopathie n'est pas la seule médecine dite « parallèle » ou « alternative » à s'être implantée de façon aussi spectaculaire dans les pays démocratiques où la science médicale est censée avoir trouvé une assise rationnelle auprès de toutes les couches de la société. En réalité, depuis un quart de siècle, la quête de l'estime de soi et du développement personnel est devenue l'un des enjeux majeurs de la culture du narcissisme qui caractérise les classes moyennes des sociétés occidentales. Dans ce contexte, la santé ne se définit plus seulement comme le « silence des organes » – absence de maladie ou d'infirmité – mais comme un état de bien-être physique, social et mental qui aurait pour horizon fantasmatique l'accès à l'immortalité.

1. *Dictionnaire de la pensée médicale* (éd. par Dominique Lecourt), Paris, PUF, 2004, p. 582.

On ne s'étonnera donc pas que les grandes politiques de santé publique, liées à une conception expérimentale de la médecine, aient amplifié la puissance d'un grand marché de l'illusion thérapeutique. Regardés comme des objets dont on explore silencieusement le corps, ou traités comme des malades en proie à la folie de leurs neurones ou de leurs gènes, nombre de sujets en souffrance, terrifiés à l'idée d'une perte de soi, se sont tournés tantôt vers les sectes, tantôt vers les psychothérapies et tantôt vers les multiples médecines parallèles, naturelles ou alternatives qui sont aujourd'hui en pleine expansion. Ésotéristes, guérisseurs, iridologues, rebouteux, magnétiseurs, astrologues, adeptes du jeûne ou de la thérapie par l'urine, naturopathes, poseurs de ventouses, cancérothérapeutes par les plantes, vendeurs de gélules miracles ou de pilules de rajeunissement rivalisent en recettes pour prendre en charge toute la misère d'une société malade de son progrès et livrée, du fait de la marchandisation du monde, au désespoir identitaire[1].

Cette formidable culture de l'illusion thérapeutique se caractérise, notamment en France, par la

1. On trouvera en annexe du présent ouvrage la liste non exhaustive des médecines parallèles recensées par l'Organisation mondiale de la santé (OMS). En France, on estime à 100 000 le nombre de ces praticiens parallèles, parmi lesquels figurent autant de titulaires d'un diplôme de médecine ou de psychologie que d'astrologues, de voyants ou de gourous de sectes « guérisseuses ». Néanmoins, ce chiffre est à manier avec prudence, car aucune enquête sérieuse n'a été menée. Cf. Jean-Marie Abgrall, *Les Charlatans de la santé*, *op. cit.*

création de groupes ou de réseaux dont les potions, les pommades et les gélules sont accueillies avec ferveur par de nombreux magazines, au même titre d'ailleurs que les traitements de la médecine scientifique : *Santé magazine, Présentation santé, Prévention santé, Plantes et médecines, Médecines nouvelles,* etc. Cependant, un changement important s'est produit entre la fin du XXe siècle et le début du XXIe. En 1984, c'est l'ouvrage de la chanteuse Rika Zaraï, *Ma médecine naturelle*, qui avait recueilli, contre la médecine dite « officielle », les suffrages d'un public populaire, alors que de nos jours c'est dans le livre d'un psychiatre, formé à l'hôpital de Shadyside de l'université de Pittsburgh et enseignant de thérapie cognitive au CHU de Lyon, que les consommateurs de l'illusion thérapeutique peuvent découvrir avec délice des recettes contre le mal de vivre dignes des plus fameux guérisseurs des temps anciens.

Opposé autant au Prozac[1] qu'à la psychanalyse, David Servan-Schreiber affirme, par exemple, que la meilleure manière de lutter contre la dépression, c'est de consommer des acides gras et de se livrer à des mouvements de relaxation oculaire. Manger du poisson et des légumes verts plutôt que de la viande et des féculents, faire chavirer son iris pour mieux irriguer son cerveau, telles sont les méthodes de ce nouveau docteur de l'âme et du corps. À la différence de Rika Zaraï, il se réclame de la médecine scientifique : « Chacune de mes méthodes, dit-il, a été

1. Célèbre psychotrope de la classe des antidépresseurs.

scientifiquement validée par des études offrant des garanties de rigueur et de crédibilité[1]. »

Pour faire fructifier ses découvertes, David Servan-Schreiber, favorable à l'introduction des médecines parallèles au sein de la médecine scientifique, a donc créé une nouvelle thérapie émotionnelle du mouvement oculaire, proche de l'autohypnose : l'EMDR (*Eye movement desensitization and reprocessing*). Mais il a également inventé une « lampe » qui diffuse juste avant le réveil une lumière reproduisant celle du lever de soleil, et à laquelle il a donné le nom de « simulateur de l'aube ». Enfin, il s'est investi dans la constitution d'une société, Isodis Natura, qui commercialise le « complément alimentaire OM3 ».

Au même titre que Rika Zaraï, David Servan-Schreiber préconise une médecine fondée sur des substances dites naturelles, différentes de celles de l'homéopathie, mais peu actives ou agissant par effet placebo. Et pourtant l'une et l'autre ne relèvent pas du même statut légal. Dans un cas – celui de Rika Zaraï ou de ses émules – le Conseil de l'Ordre des médecins peut toujours entamer, sans aucune plainte

1. David Servan-Schreiber, propos recueillis pour *Le Nouvel Observateur*, dans un dossier intitulé « Vaincre l'anxiété, la dépression, le stress, sans Freud ni pilules. La nouvelle médecine du corps et de l'âme », 21-27 août 2033. Cf. également David Servan-Schreiber, *Guérir le stress, l'anxiété, la dépression sans médicaments ni psychanalyse,* Paris, Laffont, 2003 (400 000 exemplaires vendus ; dans *Le Monde 2* du 22 février 2004, David Servan-Schreiber est qualifié de « gourou d'une nouvelle médecine »). Cf. également Rika Zaraï, *Ma médecine naturelle,* Paris, Carrère/Michel Lafon, 1984 (1,5 million d'exemplaires vendus).

d'un tiers, des poursuites judiciaires pour exercice illégal de la médecine, alors que s'agissant d'un médecin le Conseil ne peut intervenir que s'il reçoit des plaintes. Les parties civiles doivent alors apporter la preuve que des praticiens ont traité par des substances inadéquates des maladies ne relevant pas d'un tel traitement : cancers, maladies infectieuses ou cardio-vasculaires, etc. Or, David Servan-Schreiber ne relève pas de cette catégorie puisqu'il ne s'occupe que des affections de l'âme et pas des maladies organiques, bien qu'il n'hésite pas à affirmer, en s'appuyant sur des travaux épidémiologiques, que la consommation de poisson diminue le risque de cancer[1].

Mais quelles sont donc, en réalité, les « véritables maladies » traitées « efficacement » par les médecins qui délivrent à leurs patients des substances inopérantes ? La réponse est assez simple : ce sont des « maladies de l'âme », c'est-à-dire des « maladies » qui ne se traitent en principe que par la suggestion ou la relation transférentielle et que seuls les véritables « médecins de l'âme » sont habilités à traiter, qu'ils soient ou non diplômés d'État : psychologues cliniciens, psychiatres, psychanalystes, psychothérapeutes. Seront-ils autorisés un jour à désigner comme charlatans des médecins donneurs de substances inopérantes et non formés aux différentes méthodes d'approche du psychisme ?

1. De nombreux travaux épidémiologiques ont montré que certains cancers sont liés à une surconsommation de graisses. Mais rien ne prouve, au cas par cas, qu'un sujet puisse être préservé de ces types de cancer par des régimes alimentaires spécifiques.

Récemment, un certain Loïc Le Ribault, expert judiciaire courtisé pendant des années par le ministère de la Justice, géologue de formation et inventeur d'une méthode « scientifique » destinée à identifier les criminels, a été poursuivi par l'Ordre des médecins pour avoir inventé une substance miraculeuse, le silanol, destiné à soigner les arthroses, les morsures, les claquages, le psoriasis et autres affections du même genre. Acclamé par les patients auxquels cette potion semblait convenir, il a fait savoir à son procès, en janvier 2004, que soixante-dix produits similaires au sien étaient légalement commercialisés en pharmacie sans que le Conseil de l'Ordre s'en inquiète [1]. Quand on sait, par ailleurs, que des substances aussi actives que les psychotropes sont prescrites à tort et à travers par des médecins généralistes, incompétents en psychiatrie, on peut vraiment se demander qui est le charlatan de qui [2]...

En France, depuis l'introduction dans le Code de la santé publique des lois de mars 2002 [3], il est stipulé qu'« aucun acte médical ni aucun traitement ne peut être pratiqué sans le *consentement libre et éclairé* de la personne et ce consentement peut être retiré à tout moment ». Mais la loi précise également que « toute personne a, compte tenu de son état de santé et de

1. Cf. Hugues Jeanneaud, « Le procès du professeur Tournesol », *Le Journal du dimanche*, 1er février 2004.

2. L'excès de prescription a été dénoncé par l'Académie de médecine en 1997. Cf. également Édouard Zarifian, *Le Prix du bien-être. Psychotrope et société*, Paris, Odile Jacob, 1996.

3. *Journal officiel*, 5 mars 2002. Loi 2002-3003 du 4 mars 2002 relative aux droits des malades et à la qualité du système de santé.

l'urgence des interventions que celui-ci requiert, le droit de recevoir les soins les plus appropriés et de bénéficier des thérapeutiques dont l'efficacité est reconnue et qui garantissent la meilleure sécurité sanitaire au regard des connaissances médicales avérées. Les actes de prévention, d'investigation ou de soins ne doivent pas, en l'état des connaissances médicales, lui faire courir des risques disproportionnés par rapport au bénéfice escompté ».

Comme on le voit, le législateur considère que tout sujet a le droit de refuser un traitement – et donc de mettre sa vie en danger –, à condition qu'il ait été informé de l'efficacité réelle dudit traitement au regard des connaissances médicales. Autrement dit, un patient atteint d'un cancer peut parfaitement refuser de se faire soigner par la médecine à condition que le médecin ait obtenu son consentement libre et éclairé [1] après l'avoir informé des dangers qu'il courrait au cas il se déroberait à la chirurgie, à la chimiothérapie et à la radiothérapie – c'est-à-dire aux seuls traitements efficaces en ce domaine – pour se tourner vers un homéopathe ou un phytothérapeute. Mais dans un tel cas, peut-on considérer que le patient est réellement en état de prendre une décision « libre et éclairée » ? Sa volonté d'échapper au traitement efficace et de s'en remettre à une médecine parallèle, qui le conduira nécessairement à la mort, est-elle la conséquence d'une

1. Cf. à ce sujet l'excellent exposé de Roland Gori, « Le nourrisson savant dans les logiques du consentement », colloque d'Aix-en-Provence sur le consentement, 21 septembre 2003.

aliénation, d'une psychose, d'un désir inconscient de suicide, d'une terreur ou d'une décision librement consentie de mourir ?

Ne peut-on pas dire alors que le « consentement » d'un tel patient doit être regardé comme « inopérant », au même titre qu'est inopérante, selon la loi française, toute décision d'une personne qui « consent » à son propre esclavage, à sa mise à mort, à sa mutilation ? En réalité, les choses sont plus complexes. En effet, aucun médecin ne peut contraindre à un traitement une personne en danger de mort, dès lors qu'elle a été « éclairée » sur la nature de sa maladie. Mais que doit faire un homéopathe quand un tel patient requiert de lui la prescription d'une substance inactive ? Doit-il l'informer de l'inefficacité radicale de ladite substance dans ce cas précis ? Certainement. Mais alors, chaque homéopathe n'est-il pas en devoir d'informer tout patient que les dilutions qu'il prescrit sont des substances non actives qui agissent par suggestion ? Chaque homéopathe doit-il se déclarer « charlatan » alors même qu'il est médecin et titulaire d'un diplôme légal dit de « médecine naturelle » ?

En 1926, quand il prit la défense de son ami Theodor Reik[1], Freud souligna combien il était dangereux de se livrer, de façon incohérente, à la chasse aux charlatans : « Permettez-moi de donner au mot "charlatan" le sens auquel il a droit et pas sa signification légale. Pour la loi, est charlatan celui qui soigne des malades sans

1. Theodor Reik (1888-1969) : psychanalyste américain d'origine autrichienne, il fut accusé en 1926 d'exercice illégal de la médecine parce qu'il pratiquait des cures psychanalytiques sans être médecin.

prouver qu'il possède un diplôme médical d'État. Je préférerais une autre définition : est charlatan celui qui entreprend un traitement sans posséder les connaissances et les capacités requises. M'appuyant sur cette définition, je me risque à affirmer que – pas uniquement dans les pays d'Europe – les médecins fournissent à l'analyse son plus gros contingent de charlatans. Très souvent, ils pratiquent le traitement psychanalytique sans l'avoir appris et sans le comprendre[1]. »

Si la médecine d'État, malgré la forte opposition du corps médical, a accepté d'accueillir en son sein un savoir occulte[2], l'homéopathie, en lui conférant la dignité d'une médecine dite « naturelle », et si elle n'est plus capable aujourd'hui de distinguer la pratique médicale des simples conseils de nutrition, cela signifie qu'elle n'est pas aussi exempte d'irrationalité qu'elle le laisse entendre.

À travers les relations qui se sont tissées, en Occident, entre les patients, les médecins et l'État, on voit bien, une fois encore, combien est centrale, dans l'histoire des thérapies du corps et de l'âme, l'étrange figure du charlatan. Plus un discours scientifique prétend éradiquer les croyances en s'appuyant sur une

---

1. Sigmund Freud, *La Question de l'analyse profane* (1927), Paris, Gallimard, 1985, p. 106. Cf. également Roland Gori, « Tous psychothérapeutes ? », *Cultures en mouvement*, 65, mars 2004. Je reviens sur cette question capitale au chapitre V.

2. En Grande-Bretagne, l'homéopathie est reconnue comme une médecine dite « naturelle », mais ses praticiens ne sont pas obligés d'être médecins.

politique de surveillance, de sécurisation, d'expertise dite « scientifique », ou de contrôle des peuples et des consciences, plus il favorise l'émergence de nouveaux charlatanismes qui d'ailleurs lui ressemblent au point qu'il cherche tantôt à les adopter et tantôt à les stigmatiser. Mais le charlatan que l'on veut exclure de la cité, en usant d'une science érigée en religion plutôt que de la raison, est toujours présent, soit à l'extérieur des grands systèmes qui visent à son abolition, soit à l'intérieur de ces mêmes systèmes quand ils cherchent à l'intégrer. Telle une drogue ou un spectre, il est toujours là, tapi dans l'ombre, semblable aux monstres de Goya séjournant dans le royaume des rêves. Et pour l'empêcher de nuire, il faut être bien conscient que jamais on n'en viendra à bout : ni par la chasse aux sorcières, ni par l'expertise dite scientifique, ni par la reconnaissance pure et simple (dont les effets sont évidemment pervers).

Dès la fin du XIXe siècle, les politiques hygiénistes de santé publique eurent deux composantes : l'une, progressiste, humaniste et rationnelle, visait à améliorer la santé des populations par le dépistage et la curabilité des grandes maladies organiques ; l'autre, franchement réactionnaire, occulte et mortifère, déboucherait sur l'eugénisme, c'est-à-dire sur une idéologie de l'élimination de la mauvaise « race », dite « malade », au profit de la bonne, dite « saine »[1].

Ce n'est donc pas le charlatanisme en tant que tel qui a précipité sur la rampe d'Auschwitz des millions

1. Cf. Michel Foucault, *La Volonté de savoir*, Paris, Gallimard, 1976.

de représentants de la « mauvaise race » (Juifs, Tziganes, homosexuels, Témoins de Jéhovah), mais un eugénisme fanatique dérivé de la science médicale la plus élaborée d'Europe. L'horreur génocidaire a été rendue possible par la science elle-même, travestie en un savoir occulte et pervertie par un charlatanisme d'État. Et l'on sait que les premières expériences d'extermination furent menées sur des malades mentaux. Sans doute Hitler fut-il le plus grand charlatan de l'Occident, adepte de la naturopathie et de régimes végétariens, mais sa politique fut servie par des scientifiques de haut niveau, parmi lesquels un nombre impressionnant de médecins : « Les médecins, psychiatres, biologistes, généticiens et anthropologues qui collaborèrent à l'entreprise nazie, écrit Benoît Massin, n'étaient pas des psychopathes marginaux, mais souvent les figures les plus en vue de leur communauté scientifique. Leur engagement découlait de la tradition centrale de la recherche anthropologique et biomédicale allemande depuis soixante ans[1]. »

On sait aujourd'hui que la volonté fanatique d'« hygiéniser » les corps et les consciences risque toujours de basculer dans un projet d'éradication de la déviance avec pour objectif le contrôle, non plus de la santé physique, mais de la santé dite « raciale » ou « mentale ».

---

1. Paul Weindling, *L'Hygiène de la race,* t. I, *Hygiène raciale et eugénisme médical en Allemagne, 1870-1933,* Paris, La Découverte, 1998, préface de Benoît Massin.

Née au début du XIXe siècle, à la faveur de la mise en œuvre de la nouvelle médecine scientifique et étatique, la psychiatrie se dota, sous l'impulsion de Philippe Pinel, médecin et idéologue, d'une approche rationnelle du phénomène de la folie. Elle arracha le fou à son statut d'insensé pour en faire un aliéné, habité par un reste de raison[1]. Devenu médecin, l'aliéniste fut ainsi l'héritier du prêtre et son rôle consista à *consoler* le malade, lui apportant soutien et compassion. Mais à cet art de consoler s'ajoutait celui de *classifier* les différentes formes de folie à travers de grandes nosologies, lesquelles permettaient de définir une clinique et de proposer un traitement. Autrement dit, le psychiatre du nouvel ordre médical issu de la Révolution devait inventer des classifications qui ne fussent pas seulement des codifications comportementales, mais des manières d'intégrer le fou, en tant que sujet de droit, à l'espace juridique issu de la Déclaration des droits de l'homme et du citoyen.

Pendant un siècle, la psychiatrie hésitera sans cesse entre deux explications de la maladie mentale. L'une, progressiste, fondée à la fois sur la causalité psychique et la volonté de guérir, l'autre, fixiste, centrée sur la causalité organique et visant à faire entrer le psychisme dans les catégories d'un bio-pouvoir. Dans le premier cas, le patient et le médecin mettent en œuvre une alliance thérapeutique de type transférentiel ou psychodynamique ; dans le second, le patient est livré au

1. Cf. Jan Goldstein, *Consoler et classifier. L'essor de la psychiatrie française* (1987), Le Plessis-Robinson, Synthélabo, coll. « Les empêcheurs de penser en rond », 1997.

quadrillage de ses neurones et de ses comportements, ou à l'expertise de ses fonctions cognitives, en bref, à un véritable nihilisme thérapeutique, celui-là même qui a triomphé aujourd'hui avec l'utilisation abusivement « scientifique » des psychotropes.

À la fin du XIXe siècle, en l'absence de psychopharmacologie, l'enfermement asilaire était regardé comme le moyen unique de soigner la folie. La longue durée du séjour à l'asile était devenue alors, comme l'est aujourd'hui la camisole chimique, le seul traitement possible de toutes les maladies mentales. Ce fut l'époque de la théorie de l'hérédité-dégénérescence, qui s'imposa dans de nombreux domaines du savoir avant de s'écrouler en 1905. Elle réduisit la maladie mentale à une causalité strictement organique, condamnant au néant l'idée même de subjectivité.

C'est à la suite de ce déclin que les psychothérapies, héritées des anciennes croyances aux guérisons miraculeuses, tenteront d'apporter une solution curative aux maladies psychiques en dehors de la science médicale et de ses politiques étatiques. C'est sur ce terreau également que la psychanalyse, discipline laïque et rationnelle, viendra restituer au sujet sa place dans un dispositif où la parole, comme expression de l'inconscient, échappe à toute politique de surveillance visant à hygiéniser le psychisme. Elle se développera en alliance avec la médecine scientifique et au cœur de la psychiatrie à laquelle elle apportera une nouvelle vitalité, tout en nourrissant de son expérience clinique les diverses écoles de psychothérapie du monde occidental.

II

Les psychothérapies

Depuis la création, en 1872, du mot « psychothérapie » par le médecin anglais Daniel Hack Tuke, et à la suite de sa popularisation en France par Hippolyte Bernheim, cette méthode de traitement des maladies dites « psychiques »[1] a connu un essor considérable dans le monde occidental, et plus particulièrement aux

1. Daniel Hack Tuke (1827-1895) : arrière-petit-fils de William Tuke (1732-1822), lui-même fondateur de la psychiatrie anglaise, Hack Tuke appartenait à une longue lignée de cliniciens philanthropes attachés, comme le médecin français Hippolyte Bernheim (1840-1919), à l'idée de traiter les maladies psychiques par la parole. Les maladies dites « psychiques » – ou maladies « des nerfs » – sont traditionnellement appelées névroses (hystérie, angoisse, obsessions) et elles relèvent de la psychothérapie, alors que les maladies dites « mentales », c'est-à-dire les psychoses (la folie), relèvent plutôt de la psychiatrie, au même titre que les maladies dites de l'humeur (mélancolie, dépression).

On appelle « psychiatrie dynamique » ou « psychodynamique » l'ensemble des écoles et des courants qui se consacrent à la description

États-Unis, au point qu'il est désormais impossible de la définir comme une discipline singulière pourvue d'un fondement systématisé. Plutôt que de recourir au terme de « psychothérapie », il est donc aujourd'hui préférable de parler *des* psychothérapies. Dira-t-on alors que cette thérapie de l'âme est indéfinissable du fait de sa fantastique atomisation ? Certainement pas. Mais ce constat de diversité, qui témoigne d'une évolution des sociétés occidentales désormais éperdues d'hygiène, de bien-être et d'immortalité, devrait inciter à la prudence les classificateurs, les évaluateurs et autres experts en tous genres.

---

et à la thérapie de toutes ces « maladies » selon une perspective dynamique, c'est-à-dire en faisant intervenir un traitement psychique au cours duquel s'instaure une relation transférentielle entre le thérapeute et le malade (psychothérapie, psychanalyse, psychiatrie, psychologie clinique). Quand la psychiatrie se veut purement biologique ou organiciste – comme c'est le cas aujourd'hui, avec la prévalence de traitements pharmacologiques –, elle sort du domaine de la psychiatrie dynamique.

Apparue en 1896, la psychologie clinique est une pratique thérapeutique popularisée en France par Pierre Janet (1859-1947) et par ses héritiers. Relevant d'une approche psychodynamique, elle est fondée sur l'entretien direct et sur l'examen de cas à partir de l'observation des conduites individuelles. Elle est enseignée à l'université – dans le cadre des études de psychologie – et ses praticiens sont titulaires de diplômes d'État, au même titre que les psychiatres, formés à la faculté de médecine. Comme les psychanalystes, les psychothérapeutes peuvent être titulaires de diplômes d'État mais leur formation spécifique est assurée dans des associations privées, reconnues ou non par l'État selon les pays. Cf. Henri F. Ellenberger, *Histoire de la découverte de l'inconscient* (1970), Paris, Fayard, 1994. La question de la psychologie clinique est traitée au chapitre IV du présent ouvrage, et celle de la reconnaissance par l'État de la psychothérapie au chapitre V. Cf. également les annexes.

Lorsque l'on consulte la liste (non exhaustive) des médecines parallèles dressée par l'OMS, on découvre un bien curieux mélange. Sont ainsi associées plusieurs méthodes classiques de psychothérapie individuelle ou groupale (hypnose, gestaltthérapie, psychodrame) qui ne relèvent en rien de la catégorie des médecines parallèles, une branche de la psychologie (la psychologie neurophysiologique) qui n'est ni une médecine, ni une psychothérapie, un faux savoir de tradition occulte (l'astrologie diagnostique) relevant de la voyance, de l'ésotérisme (et à l'occasion de l'organisation sectaire), et enfin une incroyable variété de « pratiques » qui se rattachent tantôt au domaine des médecines parallèles (phytothérapie, iridologie, ventouses, saignées), tantôt à des disciplines spirituelles et corporelles non thérapeutiques (yoga) et quelquefois sectaires, tantôt à la nébuleuse des sectes (dianétique), et parfois, tout simplement, à des soins esthétiques, relaxants ou antidouleur (balnéothérapie).

La liste (non exhaustive) des psychothérapies que l'on peut trouver dans différents ouvrages publiés par des psychiatres ou des psychologues n'est guère plus satisfaisante. Ainsi, dans un livre récent, hostile à la psychanalyse et orienté vers les neurosciences et le comportementalisme, Jean Cottraux fournit une liste non limitative de deux cent neuf formes de psychothérapie. Parmi elles sont recensées, en majorité, de véritables psychothérapies. Mais à celles-ci l'auteur ajoute l'acupuncture (médecine parallèle rapportée au XVIIIe siècle par des jésuites revenus de Chine), la méditation tibétaine et la méditation transcendentale (méthodes de concentration d'origine orientale), qui, pour les deux dernières, ne sont ni des thérapies ni des médecines, mais relèvent plutôt de l'univers des sectes, la thalassothérapie (soin relaxant ou antiarthritique) et enfin la totalité des grands courants psychanalytiques (*Ego Psychology*, culturalisme, kleinisme, freudisme, lacanisme), lesquels ne sont nullement des psychothérapies mais des écoles cliniques se réclamant du système de pensée freudien et rattachées, par leur histoire, à la genèse et au développement de la psychiatrie dynamique[1].

Mais le plus étonnant, c'est que le même auteur appelle « psychanalyse adlérienne » l'école de psychologie individuelle fondée par Alfred Adler après sa rupture avec Freud en 1911, et « psychanalyse jungienne » l'école de psychologie analytique créée par Carl Gustav Jung à la suite de son départ, en 1913, du mouvement psychanalytique. Or, de toute évidence, c'est bien parce qu'Adler et Jung ont rompu avec l'ensemble de la conceptualité psychanalytique qu'ils ont tenu à inscrire leurs écoles respectives à la fois dans la descendance de la psychiatrie dynamique et dans l'héritage des psychothérapies[2].

Si maintenant on consulte le rapport de l'Académie de médecine[3], rédigé par Pierre Pichot et Jean-

1. Sur la question de la classification, on se reportera aux annexes du présent ouvrage.

2. Cf. Jean Cottraux, *Les Visiteurs du soi. À quoi servent les psys*, Paris, Odile Jacob, 2004. On trouvera en annexe un essai de classification de ces écoles.

3. Pierre Pichot et Jean-François Allilaire, « Sur la pratique de la psychothérapie », au nom d'un groupe de travail, *Bulletin de l'Académie nationale de médecine*, 2003, 187, 6, séance du 1er juillet

François Allilaire, on s'aperçoit que les définitions qu'ils donnent des psychothérapies, de leur histoire et de leur mode d'implantation en France et dans le monde est des plus fantaisistes. Non seulement les courants sont regroupés en cinq catégories – humaniste, éclectique, cognitivo-comportementaliste, systémique, psychanalytique –, lesquelles ne correspondent à aucune réalité précise s'agissant d'un phénomène d'ampleur mondiale, mais leur histoire est proprement défigurée. Ainsi, les noms de Freud, de Melanie Klein et de Lacan ne sont jamais mentionnés, celui de Carl Rogers est accolé à une école qui n'est pas exactement la sienne, et enfin le grand psychanalyste et anthropologue américain Gregory Bateson, fondateur de l'école de Palo Alto, est qualifié de « psychologue », ce qu'il ne fut jamais.

Quant à la création de la psychothérapie institutionnelle, elle est attribuée par Pichot et Allilaire à Philippe Pinel, alors que c'est Georges Daumézon qui forgea ce terme en 1953 pour désigner une thérapeutique de la folie visant à réformer l'institution asilaire, et déjà mise en œuvre, pendant l'Occupation, à l'hôpital de Saint-Alban, sous l'impulsion de Lucien Bonnafé et François Tosquelles [1].

2003. C'est sur ce rapport que se sont appuyés Bernard Accoyer et Jean-François Mattei, l'un pour l'élaboration de son amendement, le second pour la rectification dudit amendement et pour élaborer son programme de santé mentale.

1. Cf. Élisabeth Roudinesco, *Histoire de la psychanalyse en France*, t. II (1986), Paris, Fayard, 1994.

« Au cours du XXe siècle, écrivent en outre les deux auteurs, la psychothérapie a été directement liée à l'essor de la psychanalyse, qui dans notre pays n'a réellement pénétré l'espace psychiatrique qu'à partir des années cinquante, mais a représenté jusqu'aux années quatre-vingt environ la base conceptuelle de la plupart des psychothérapies. » Quand on sait que la psychothérapie s'est développée, partout dans le monde, *parallèlement* à la psychanalyse, et que celle-ci s'est implantée en France *avant* la Première Guerre mondiale, et non pas en 1950, on se demande si Pichot et Allilaire sont vraiment qualifiés pour évaluer la situation de ces disciplines dans notre pays. Ont-ils oublié que la SPP a été créée en 1926 par une majorité de psychiatres ? Savent-ils ce qu'est une psychothérapie ? On en doute.

Si l'on se réfère maintenant à Tobie Nathan[1], on constate qu'il qualifie la psychanalyse à la fois de « fausse science », parce qu'elle ne serait pas « évaluable », et de science « occidentale », parce qu'elle serait inopérante dans les trois quarts des sociétés humaines. À cette doctrine fort peu sérieuse, issue d'une psyché colonisatrice, il oppose les vertus des « psychothérapies » dites « traditionnelles », qui prétendent agir « non pas sur

1. Psychologue clinicien, formé à la psychanalyse à la SPP, proche de Serge Lebovici (1915-2000) et ancien élève de Georges Devereux (1908-1985), Tobie Nathan est professeur de psychologie à l'université de Paris-VIII, et actuellement en mission pour la francophonie à Bujumbura au Burundi. En 1979, il a ouvert à l'hôpital Avicenne de Bobigny une consultation d'ethnopsychiatrie, et en 1993 il a fondé le centre Georges-Devereux, où se croisent des psychothérapeutes d'un type nouveau.

l'âme mais sur des *invisibles*, non par la parole ou en déclenchant des émotions, mais par l'intermédiaire de rituels, de sacrifices d'animaux, de fabrications d'amulettes, de prières ou d'extraction d'objets-sorts, etc.[1] ».

À y regarder de près, ces « psychothérapies » sont plutôt des cures chamaniques que des psychothérapies. Mais peu importe. Dans le cadre de sa consultation et de son enseignement, Tobie Nathan propose à certains de ses élèves de s'initier à ces thérapeutiques. De cette manière, pense-t-il, ils pourront traiter des patients issus de l'immigration africaine, en dehors de toute référence à une quelconque psyché, nécessairement « coloniale » : « À l'heure où il est possible dans chaque grande métropole de concilier thérapies savantes, thérapies culturelles et thérapies religieuses, où les patients se constituent en collectifs et viennent interroger leurs thérapeutes, leur demander des comptes sur les guérisons qu'ils promettent, la seule attitude nous semble d'accompagner les usagers dans leurs investigations[2]. »

Au nom de la vraie science, les « usagers » en question ne sont donc pas regardés comme des sujets – démarche beaucoup trop « occidentale » – mais comme des objets d'expérimentation. Face à une quinzaine de cothérapeutes formés aux méthodes dites « traditionnelles », ils sont invités à raconter leurs

1. Pierre Pichot et Tobie Nathan, *Quel avenir pour la psychiatrie et la psychothérapie ?*, Le Plessis-Robinson, Synthélabo, coll. « Les empêcheurs de penser en rond », 1998, p. 40.

2. Tobie Nathan, « Un discours dérangeant sur la guérison », *Le Monde*, 5 février 2000.

rêves. En fonction de l'interprétation qui leur en est donnée, ils sont ensuite « orientés » dans un protocole d'autothérapie : « Une jeune fille psychotique, d'origine kabyle, écrit Zerdalia Dahoun dans un article critique, a été sollicitée pour apporter à la consultation un œuf sorti du Frigidaire et qui aurait passé la nuit au clair de lune. Ensuite, il lui a été demandé d'apporter d'autres objets. Cette pratique est utilisée par les guérisseurs de Kabylie, mais dans le cadre d'une consultation dans un centre de soins, elle pose problème. A-t-on vraiment besoin de toute cette manipulation pour susciter l'appel aux rêves ou pour produire des phénomènes dynamiques dans une cure[1] ? »

C'est ainsi que dans le sérail le plus laïque de l'université républicaine sont formés des psychologues diplômés qui ont comme caractéristiques d'être parfois des marabouts et des leveurs de sorts convaincus, comme certains de leurs patients, que des formes démoniaques et invisibles gouvernent le monde. Mais le plus étonnant, c'est que ce sont ces mêmes psychologues du centre Georges-Devereux qui ont été mandatés, en 1998, par le ministère des Affaires sociales pour ouvrir une consultation pilote destinée aux victimes des sectes[2]. Comme on le voit, scientisme, pensée magique et réhabilitation des victimes font bon ménage dans un département de psychologie où la psychanalyse est brocardée comme une fausse science.

1. Zerdalia Dahoun, « Les us et les abus de l'ethnopsychiatrie », *Les Temps modernes*, juillet-août 1992.

2. Cf. Françoise Sironi, « Les laissés-pour-compte de la psychanalyse », *Le Monde*, 27 novembre 2003.

Si, enfin, on consulte l'ouvrage d'Alain Vivien sur les sectes, on s'aperçoit que ce grand spécialiste français de la question sectaire reprend à son compte les conclusions d'une enquête parlementaire de 1995 qui rangeait les mouvements psychanalytiques dans la même liste que les sectes les plus criminelles de la planète : mouvements sataniques et apocalyptiques, groupes néopaïens, occultistes, orientalistes, évangéliques et guérisseurs[1]. Est-ce bien sérieux ? Plutôt que de classer la discipline freudienne dans une telle liste, alors qu'elle ne compte dans ses rangs *aucune* secte, je dis bien *aucune* et j'y reviendrai, quand bien même ses associations ont parfois une conduite « sectaire », ne serait-il pas plus judicieux de réfléchir à la manière dont les sectes – les vraies – se sont emparées du vocabulaire et des méthodes de la psychanalyse pour livrer à celle-ci, comme à la médecine, aux sciences, à la démocratie et aux Lumières le plus féroce des combats ?

Pour bien comprendre ce que sont les psychothérapies aujourd'hui, il est préférable d'expliciter leurs structures organisationnelles plutôt que de tenter un classement inopérant. Plus de sept cents écoles de psychothérapie ont fleuri dans le monde à partir de 1950, et surtout aux États-Unis, pays profondément religieux et communautariste, pour répondre à l'incroyable demande de soins psychiques venue de la société, de ces classes moyennes habitées par le « culte de soi »[2].

1. Cf. Alain Vivien, *Les Sectes*, Paris, Odile Jacob, 2003.

2. On trouvera en annexe du présent ouvrage une liste (non exhaustive) des psychothérapies, des sectes et des médecines parallèles.

Comme les médecines traditionnelles de l'âme et comme le chamanisme, toutes les psychothérapies reposent sur le principe selon lequel le processus de guérison est lié à l'*influence* que le thérapeute peut avoir sur le patient, et à la croyance de celui-ci dans le pouvoir thérapeutique du guérisseur. En conséquence, elles ont toujours entretenu une relation ambiguë avec la pensée magique d'une part, qui permet au patient et au thérapeute de croire en l'efficacité d'un traitement fondé sur la puissance de l'illusion, et avec la pensée rationnelle de l'autre, laquelle permet d'authentifier l'« efficacité » réelle d'une cure impossible à expertiser scientifiquement. Par ailleurs, et à la différence des théories scientifiques du psychisme – et notamment la psychanalyse –, les psychothérapies sont culturalistes, relativistes ou « ethniques ». Elles prennent pour objet la spécificité, non pas de la psyché en général, mais de tel ou tel psychisme défini selon sa différence avec un autre psychisme. D'où leur fantastique diversité : chacune d'elles est conçue pour s'adapter à un cas particulier, à un groupe défini, à un contexte, à une ethnie, à un peuple, à une catégorie, à un moment historique, etc.

Historiquement, la psychothérapie est issue de la cure magnétique inventée à la fin du XVIIe siècle par Franz Anton Mesmer, qui attribuait à l'existence d'un « fluide magnétique » le trouble psychique. En 1784, le marquis Armand de Puységur démontra le premier la nature psychologique et « non fluidique » de la relation thérapeutique, en remplaçant la cure magnétique par un état de sommeil éveillé – ou somnambulisme – que le médecin écossais James Braid appellera « hypnose » en 1843. Bernheim substituera ensuite à la méthode hypnotique celle de la suggestion, ouvrant ainsi la voie à l'idée d'une thérapie fondée sur une pure relation transférentielle.

En 1949, Lévi-Strauss rangeait la psychanalyse parmi les grandes techniques de suggestion en la comparant à la méthode de guérison chamanique, c'est-à-dire à une psychothérapie « magique ». Dans un cas, soulignait-il en substance, le sorcier parle et provoque l'abréaction, c'est-à-dire la libération des affects du malade, alors que dans l'autre ce rôle est dévolu au médecin qui écoute à l'intérieur d'une relation où le malade prend la parole. Au-delà de cette comparaison, Lévi-Strauss montrait que dans les sociétés occidentales la « mythologie psychanalytique » avait servi de système d'interprétation collective : « On voit apparaître alors un danger considérable : que le traitement, loin d'aboutir à la résolution d'un trouble précis, toujours respectueuse du contexte, se réduise à la réorganisation de l'univers du patient en fonction des interprétations psychanalytiques[1]. »

Si la guérison survient par l'adhésion d'une collectivité à un mythe fondateur, celui-ci agissant comme un système de réorganisation structurale, cela signifie que ce système est dominé par une « efficacité symbolique ». D'où l'idée avancée par Lévi-Strauss en

1. Claude Lévi-Strauss, « Le sorcier et sa magie », in *Anthropologie structurale,* Paris, Plon, 1958, p. 202.

1950, dans l'« Introduction à l'œuvre de Marcel Mauss », que ce qu'on appelle inconscient ne serait qu'un lieu vide où s'accomplirait l'autonomie d'une fonction symbolique : « Les symboles sont plus réels que ce qu'ils symbolisent, le signifiant précède et détermine le signifié[1]. »

On pourrait objecter à Lévi-Strauss que si la « mythologie psychanalytique » ne s'est implantée que dans les parties du monde où existe un État de droit – à l'exception de toutes les autres –, cela signifie que la psychanalyse n'est ni une mythologie ni une psychothérapie mais bien une discipline rationnelle qui laisse subsister en son sein des traces de chamanisme et de pensée magique, sans pour autant en être tributaire.

Car en abandonnant l'hypnotisme, la suggestion et la *catharsis,* puis en appelant « transfert » la relation entre le thérapeute et le médecin, Freud a inventé la seule méthode moderne de psychothérapie fondée sur l'exploration de l'inconscient et de la sexualité, considérés comme les deux universaux de la subjectivité humaine. Adossée, d'un côté, à une clinique de l'écoute – héritée de la clinique de l'observation propre à la médecine scientifique -, et, de l'autre, à un système de pensée issu de la tradition grecque et allemande de la philosophie, la psychanalyse a cessé d'être une psychothérapie au sens strict. Elle a dissous, sans les faire disparaître, les deux grands

1. Claude Lévi-Strauss, « Introduction à l'œuvre de Marcel Mauss », in Marcel Mauss, *Sociologie et anthropologie,* Paris, PUF, 1950, p. XXXII.

principes de croyance et de suggestion qui sont au cœur du dispositif de guérison propre à la psychothérapie. À cet égard, en tant que branche de la psychiatrie dynamique, elle est plus proche de la psychologie clinique et de la médecine (psychiatrie) que de la psychothérapie.

Dès sa naissance, la psychanalyse s'est donc trouvée en conflit, dans tous les pays du monde, avec les autres formes de psychothérapie, soit parce qu'elle les a nourries pour ensuite les rejeter comme relevant du charlatanisme, soit parce qu'elle a été amalgamée à elles par des réglementations étatiques [1], soit parce qu'elle leur a opposé une forte résistance, provoquant scissions ou dissidences.

Quel que soit le cas de figure, toutes les écoles de psychothérapie du XXe siècle ont pour trait commun de se rattacher au socle originaire du magnétisme, de l'hypnotisme et de la suggestion. Elles sont organisées à l'identique, c'est-à-dire représentées par un chef qui fait office de thérapeute et de maître à penser pour son groupe aussi bien que pour ses patients. Créées chacune par des hommes ou des femmes qui ont leur doctrine propre et qui se posent comme les fondateurs d'un système de pensée, elles disparaissent souvent à la mort de celui-ci, tantôt pour laisser place à d'autres écoles organisées sur le même modèle, tantôt pour réinscrire la pensée du maître dans un héritage schismatique.

1. Cette question sera traitée au chapitre V.

En conséquence, plus ces écoles sont adossées aux grands systèmes de pensée de la psychiatrie dynamique (Freud, Jung, Adler, Janet, etc.), moins elles risquent de dériver vers la personnalisation charismatique et répétée du chef. Au contraire, plus elles s'en écartent et plus elles s'approchent de l'organisation sectaire. Et comme les sectes ont en commun avec les écoles de psychothérapie d'être des lieux de transmission des « guérisons miraculeuses », on ne s'étonnera pas qu'elles prennent appui sur les deux pôles de la suggestion et de la croyance qui caractérisent à la fois les médecines parallèles et les thérapies psychiques.

Résumons-nous : dans le grand élan contemporain de l'illusion thérapeutique, les sectes peuvent tout aussi bien s'approprier les pratiques des psychothérapies et les concepts de la psychanalyse, les écoles de psychothérapie s'adosser à la discipline reine qu'est la psychanalyse ou au contraire se transformer en sectes, et les médecines parallèles devenir un moyen pour les sectes de commercialiser des substances inactives.

On comprend alors pourquoi les écoles de psychothérapie – comme d'ailleurs les associations de psychanalyse – ont eu à cœur, depuis qu'elles existent, de mettre sur pied des comités d'éthique, de définir des codes de déontologie et des chartes relatives aux droits des patients et à la responsabilité des soignants, en bref, tout un arsenal de contrôles, d'expertises, d'évaluations, d'autorégulation, destiné à bannir les « charlatans » de leurs organisations. Ce faisant, il ne fait pas de doute qu'elles ont actualisé de façon souvent beaucoup trop bureaucratique les énoncés du serment d'Hippocrate[1].

Qui sont les charlatans désignés ainsi à la vindicte et de quels abus se rendent-ils coupables ? La réponse est simple : les abus, dans le domaine de la psychothérapie, et s'agissant des États-Unis, sont d'abord sexuels. Mais qu'est-ce qu'un abus sexuel ?

Dans un ouvrage américain retentissant, publié en 1972, Phyllis Chesler relate plusieurs histoires de femmes victimes d'abus flagrants de la part de psychothérapeutes.

Issue d'une famille d'alcooliques, où règne la violence et où se multiplient les disputes, Stéphanie entame une thérapie après un épisode dépressif – à un moment où elle passe le plus clair de son temps à dormir et à manger. Le thérapeute la reçoit pendant dix minutes, la pèse et lui prescrit des antidépresseurs et des tests de grossesse. À la fin de la séance, il l'embrasse outrageusement, ce qui ne l'empêche pas de revenir pour la suite de la cure. Quand elle se plaint, il lui répond que le désir vient d'elle et que, dans son inconscient, sont enfouies de puissantes pulsions sexuelles. Après trois mois de harcèlement, Stéphanie est invitée par son thérapeute à s'allonger sur le divan et à céder à une relation charnelle. En acceptant, elle espère être traitée désormais avec plus

1. Le serment d'Hippocrate est publié en annexe au présent ouvrage. À l'exception du point 5, il est applicable à tous les thérapeutes, quelle que soit leur famille d'origine, et il recèle une éthique beaucoup plus solide que tous les codes de déontologie modernes censés régler les relations entre le patient et le thérapeute.

de gentillesse. Mais aussitôt l'acte sexuel accompli, le thérapeute se lève et se met à taper frénétiquement à la machine. Par la suite, il lui donnera des manuscrits à dactylographier tout en lui signifiant qu'il ne la désire plus. Elle avale bientôt une poignée de somnifères. Un jour qu'elle est nue en compagnie de son thérapeute dans le cabinet, une autre patiente sonne à la porte pendant vingt minutes. Stéphanie la regarde alors par la fenêtre et se dit, en voyant sa mine éplorée : "Ce sera moi dans un an." C'est alors qu'elle met fin définitivement à son "traitement"[1].

Ici, l'abuseur est parfaitement diplômé. Psychiatre de formation, il pratique des « cures » qui relèvent à la fois de la psychanalyse et de la psychothérapie, mais qui ressemblent fort à des pratiques de gourou appartenant à une secte. Et l'on sait bien qu'aucun code de déontologie ne pourra jamais rien contre ce type de comportement, et qu'il faut que la patiente porte plainte. Mais si elle le fait, encore lui faudra-t-il apporter la preuve que les actes sexuels en question n'ont pas été « consentis ». Et comment prouver qu'ils ont bien eu lieu ? Autre problème : peut-on qualifier d'abus sexuels *toutes* les relations intimes entre les patients et les thérapeutes ? L'histoire de la psychanalyse, et plus encore celle des psychothérapies, qui reposent sur des phénomènes de suggestion, montrent que toutes sortes de situations existent dans la cure et que la transgression des principes ne relève pas toujours de l'abus au sens strict.

1. Phyllis Chesler, *Les Femmes et la folie* (1972), Paris, Payot, 1979.

Ainsi, avant que l'IPA n'édicte des règles très précises, à partir de 1920, de nombreux psychanalystes prenaient en cure des membres de leur famille, épousaient d'anciennes patientes ou d'anciens patients devenus eux-mêmes thérapeutes, ou tombaient amoureux, au cours de l'analyse, pour n'avoir pas su résister aux demandes d'un(e) patient(e). Les règles permirent de définir comme « transgressives » des pratiques qui ne l'étaient pas encore avant l'existence de la règle, et comme « abusives » les dérives perverses. Mais l'on comprend facilement que, si la règle est nécessaire au bon fonctionnement d'une institution et à la protection des patients, l'excès de réglementation, de puritanisme ou d'expertise abolit la liberté nécessaire à l'efficacité d'une cure, étant entendu que le risque est inhérent à toute relation humaine. Le remède au mal est alors pire que le mal que l'on prétendait éradiquer.

À la suite de la publication du livre de Phyllis Chesler, et dans le contexte de judiciarisation puritaine des comportements individuels tel qu'il se développait à cette époque aux États-Unis, l'American Psychiatric Association adopta, sur la base du serment d'Hippocrate, un nouveau code de déontologie, plus sévère que les précédents, qui définissait comme délictueux, voire criminel, tout contact sexuel entre un thérapeute et un patient en cours de thérapie. Toutes les grandes associations l'imitèrent : l'American Psychological Association en 1977, l'American Association of Sex Educators, Counselors and Therapists en 1979, la National Association of

Social Workers en 1980, et enfin l'American Psychoanalytic Association [1] en 1983.

En bref, toutes ces sociétés rivalisèrent d'ingéniosité pour élaborer des règlements et des modes de contrôle qui échouèrent à réduire le nombre des abus réels [2].

Quoi qu'il en soit, l'abus avéré devint le seul critère de délit en matière de relations « transgressives » entre patients et thérapeutes, mais il fut appliqué à l'ensemble des psychothérapies, qui furent alors regardées comme autant de pratiques suspectes, sectaires, déviantes, dangereuses, criminelles ou sataniques. Pis encore, les campagnes orchestrées par les tenants de la médicalisation du psychisme eurent pour effet de déclencher une vague de croyance aux abus au sein d'une population de plus en plus fragilisée par une souffrance née de la société elle-même. C'est ainsi qu'à partir des années quatre-vingt-dix des milliers de patients se pensèrent les victimes d'abus avérés de la part de thérapeutes qu'ils rejetaient pour des raisons diverses – et qu'ils dénoncèrent comme autant de charlatans [3]. En conséquence, les plaintes se multiplièrent.

---

1. Association régionale affiliée à l'IPA et qui regroupe un ensemble de sociétés psychanalytiques américaines.

2. Dans un livre passionnant, la sociologue américaine Susan Baur montre que sur plus d'un million de praticiens le taux des abus varie entre 3 % et 12 %, quels que soient les codes de déontologie adoptés. Cf. Susan Baur, *Relations intimes. Quand patients et thérapeutes passent à l'acte* (1977), Paris, Payot, 1997. C'est à William Masters et Virginia Johnson que l'on doit la première étude sur ce sujet, parue en 1970. Pour la France, concernant exclusivement le champ psychanalytique, on peut évaluer à environ 3 % le taux des abus et des transgressions.

3. À ce sujet, on se reportera au chapitre IV de ce livre.

On sait bien que plus une société cherche à s'auto-immuniser contre des agressions venues de l'extérieur, plus elle détruit les mécanismes de défense qui lui permettent d'y résister[1]. Et plutôt que de travailler à sa perte, en croyant se mettre à l'abri de tous les dangers, n'est-il pas préférable de chercher par d'autres voies la possibilité d'une guérison ? « Nous avons inventé une technique très sophistiquée pour soulager la souffrance des hommes, disait à la fin de sa vie un psychanalyste réputé, c'est celle de l'essai et de l'erreur. L'ennui, c'est que désormais, pour chaque erreur, une nouvelle règle est instituée[2]. »

Quand elle commença à s'implanter aux États-Unis, au début du XXe siècle, la psychanalyse fut d'abord portée par les mouvements mystiques qui cherchaient à guérir la « nervosité » ou le « nervosisme » des femmes par des cures de l'esprit. Et c'est en réaction à cette situation, qui la mettait en danger de charlatanisme, que les premiers freudiens américains, emmenés par Ernest Jones et Arden Abraham Brill, décidèrent, contre l'avis de Freud, de réserver la pratique de la cure à des médecins. C'est ainsi qu'elle devint, selon le mot célèbre de son fondateur, « la bonne à tout faire de la psychiatrie ». Les psychothé-

1. « Un processus auto-immunitaire, c'est, on le sait, cet étrange comportement du vivant qui, de façon quasiment *suicidaire,* s'emploie à détruire "lui-même" ses propres protections, à s'immuniser *contre* sa propre "immunité" ». Cf. Jacques Derrida et Jürgen Habermas, *Le « concept » du « 11 septembre »,* dialogue à New York (octobre-décembre 2001) avec Giovanna Borradori, Paris, Galilée, 2004.

2. Cité par Susan Baur, *Relations intimes, op. cit.,* p. 201.

rapies se développèrent de leur côté, tantôt hors de la sphère médicale en se mêlant aux anciens mouvements mystiques ou puritains, tantôt sur le terrain de la psychologie, et tantôt encore au sein même de la psychiatrie. D'où une formidable confusion.

En France, pays freudien par excellence, la psychanalyse a toujours été regardée comme une discipline reine qui s'est implantée tant par la voie psychiatrique que par celle de la littérature et la philosophie. En conséquence, elle n'a jamais eu le même statut politique et idéologique que sur le sol américain. Elle ne fut ni « adaptative » ni « hygiéniste », mais plutôt orientée vers l'idée qu'elle devait garantir au patient, non pas la santé, mais le libre exercice de son désir. En France, la psychanalyse porte en elle les principes de 1789 : plutôt la rébellion souveraine que l'auto-immunisation, plutôt l'esprit critique que la soumission au biopouvoir.

Pourtant, au lieu de rénover le grand message freudien, ses praticiens, quelles que soient leurs écoles de pensée, n'ont pas cessé, depuis vingt ans, d'afficher un violent mépris à l'égard des psychothérapeutes, considérés au mieux comme des guérisseurs, au pire comme des gourous de sectes : « [...] misérables lobbies qui prétendent faire reconnaître par l'État une discipline parfaitement inexistante, écrit ainsi Jacques-Alain Miller, une discipline de fiction comme aurait pu en inventer un Borges dans son *Histoire de l'infamie* : ça s'appelle la psychothérapie [...]. Je te masse les doigts de pied, je te fais crier très fort, courir tout nu sur la plage, je t'apprends à mettre ton oiseau en cage, à ouvrir ta boîte à malice pour accueillir le bâton de guignol, je te dorlote, je te relaxe, je te dis que tu es le phénix, la plus belle pour aller danser [...]. Voilà : je t'ai psychothérapié, je suis psychothérapeute [1]. »

Deux ans plus tard, alors que Miller a modifié son jugement et s'est allié, contre les psychanalystes « donneurs d'annuaires », aux psychothérapeutes autrefois ridiculisés, c'est au tour de Charles Melman, principal organisateur lacanien (avec ses homologues freudiens orthodoxes de la SPP) de la mise en « listes » des psychothérapeutes, de s'en prendre aux actions de « *lobbying* » de ces derniers et de les dénoncer pour avoir mis sur pied des formations lucratives, destinées à faire de la psychanalyse « un département de leur principauté », à côté d'entreprises sectaires : « On peut rendre hommage au docteur Accoyer et au professeur Mattei, écrit-il, de respecter assez la singularité de la psychanalyse pour l'avoir écartée du champ de la réglementation [2]. »

Dans la même perspective, Colette Soler, ancienne de l'École de la cause freudienne (ECF) de Jacques-Alain Miller, vitupère ce dernier et les psychothérapeutes : « Quoi de semblable, écrit-elle, entre la réponse congnitivo-comportementaliste, celle de l'analyse transactionnelle, celle de l'empathie, de la thérapie du

1. Jacques-Alain Miller et 84 amis, *Qui sont vos psychanalystes ?*, Paris, Seuil, 2002, p. 8-9.

2. Charles Melman, « Une hystérie collective », *Le Figaro*, 10 janvier 2004.

rebirth, de la bioénergie, de la psychothérapie tibétaine, des thérapies *New Age* et la discipline freudienne de mise au jour de l'inconscient [1] ?»

Il n'y a, en effet, rien de commun en apparence entre ces techniques et la discipline reine. Mais qu'y a-t-il de commun, pourrait-on rétorquer, entre l'analyse transactionnelle, inventée par un dissident du mouvement psychanalytique, et les thérapies cognitivo-comportementales (TCC) [2] pratiquées par des psychiatres ? Qu'y a-t-il de commun entre celles-ci et les agissements sectaires des héritiers contemporains du *New Age* ? À trop vouloir se distinguer de l'ennemi imaginaire, pour mieux préserver son royaume, on risque fort, quand on ne sait pas de quoi on parle, d'inscrire sur une même « liste » des pratiques qui n'ont aucune autre relation entre elles que de faire partie de cette « liste ». Ne risque-t-on pas alors de se voir soi-même, un jour, épinglé sur la liste de ceux que l'on aura bannis ?

On retrouve la même confusion entre sectes, psychothérapies, nouvelles thérapies et thérapies magiques ou occultes dans le communiqué officiel de l'association Espace analytique diffusé en janvier 2004 : « Comment le collège des psychothérapeutes s'organisera-t-il, étant donné la multiplicité des obédiences (analyse transactionnelle, psychothérapies comportementales, *rebirth,* bioénergie, amourologie, psychothérapie tibétaine), les deux fédérations les plus

1. Colette Soler, site *Œdipe,* 3 février 2004.

2. La question des TCC est traitée au chapitre IV du présent ouvrage.

engagées ne regroupant qu'un tiers des praticiens ? Inclura-t-elle le *rolfing,* les thérapies du Tunnel, le *channelling*, la scientologie ? Nous reprochera-t-on de protéger nos boutiques en refusant de gérer le rayon psychanalyse du grand magasin des psychothérapies [1] ?»

Si les psychanalystes méprisent aussi souverainement les psychothérapeutes, c'est bien entendu parce qu'ils leur ressemblent et que, dans bien des cas, ils pratiquent eux-mêmes des psychothérapies par la parole, qu'ils appellent d'ailleurs parfois « psychothérapies psychanalytiques », ou encore qu'ils ont recours aux techniques du psychodrame, de la thérapie familiale, etc. Mais s'ils les détestent, c'est avant tout parce qu'ils ont été eux-mêmes incapables de répondre de façon cohérente à l'explosion de la demande d'hygiénisme psychique qui a envahi la société française et qu'ils se sont repliés sur eux-mêmes pour défendre leur territoire.

Aussi préfèrent-ils regarder les psychothérapeutes – leurs semblables, leurs frères, leurs dissidents – comme les responsables de leur propre abaissement, plutôt que de réfléchir à ce que sont réellement les psychothérapies. Et du coup, les psychothérapeutes, humiliés depuis des lustres par les psychanalystes alors qu'ils ont, eux, su s'attirer les faveurs des classes moyennes, n'hésitent pas à s'adonner aux mêmes moqueries en accusant ces derniers d'être des psychothérapeutes masqués : « Curieusement, en France,

1. Communiqué d'Espace analytique, site *Œdipe,* 24 janvier 2004.

écrit Serge Ginger, les médias demeurent obnubilés par la psychanalyse et ils réduisent volontiers la psychothérapie à la psychanalyse – symbolisée par le "divan". Pourtant les diverses organisations de psychanalystes estiment ne pas faire de psychothérapie (la guérison advient "par surcroît"), et par ailleurs, certains seront peut-être surpris d'apprendre que seules 12 % des personnes déclarant avoir suivi une psychothérapie ont travaillé sur le divan (à raison de plusieurs séances par semaine) alors que 18 % d'autres disent avoir effectué une "psychothérapie d'inspiration psychanalytique" [1]. »

Aux États-Unis, la notion d'abus, appliquée aux psychothérapies, a toujours eu une connotation sexuelle. En France, au contraire, c'est d'abord à l'emprise sectaire que renvoie le mot quand il est utilisé pour désigner les « dérives » des psychothérapies. Au cœur d'une tradition laïque et jacobine, l'abuseur, même s'il use de son sexe, est donc, avant tout, celui qui instaure son emprise sur la conscience d'un autre, réduisant ainsi sa liberté à une servitude. En conséquence, la lutte menée par les psychothérapeutes français pour mettre à l'index leurs charlatans s'est inscrite, depuis 1980, dans le vaste combat livré par l'État contre les entreprises sectaires.

La tentative des psychothérapeutes pour obtenir un statut légal en France a connu plusieurs étapes. Il y eut d'abord, en 1966, la création d'un Groupement syndical de la psychologie, de la psychothérapie et de

1. Serge Ginger, *La Psychothérapie au XXIe siècle*, édité par la FFdP, 2003, p. 97.

la psychanalyse (PsyG). Cette initiative fut suivie, en 1981, de la création d'un Syndicat national des praticiens en psychothérapie (SNPPsy), et, quatorze ans plus tard, sous l'impulsion de Philippe Grauer, Michel Meignant et Serge Ginger[1], de celle de la puissante Fédération française de psychothérapie (FFdP) affiliée à l'European Association of Psychotherapy (EAP).

Comme les psychanalystes, les psychothérapeutes se sont violemment disputés entre eux en s'accusant réciproquement d'abus ou de dérives. En 1998, une scission s'est produite au sein de la FFdP, donnant naissance à l'Association fédérative française des organismes de psychothérapie[2] (AFFOP). Toutes ces associations regroupent environ soixante-dix instituts

1. Michel Meignant est médecin et sexologue. Analysé d'abord par un psychothérapeute d'obédience jungienne, puis par un psychanalyste freudien, il a abandonné la sexologie, jugée trop technique et trop médicamenteuse (Viagra et injections dans le pénis) pour créer une école dite d'« amourologie » qui prend en charge les problèmes de « ceux qui ne parviennent pas à s'aimer ». En 1980, il a été poursuivi pour usage commercial de la médecine, puis pour complicité d'exercice illégal de la médecine pour avoir protégé des thérapeutes non diplômés. Serge Ginger est psychologue clinicien, analysé par un psychanalyste de la SPP et fondateur de l'École parisienne de gestaltthérapie.

2. Elle est présidée aujourd'hui par Jean-Michel Fourcade, psychologue clinicien, spécialiste de bioénergie reichienne « travaillée en piscine », et a pour vice-président Philippe Grauer. Enseignant en sciences de l'éducation à l'université de Paris-VIII, psychanalyste et psychothérapeute, analysé par Alain Didier-Weill, contrôlé par Michel Guibal et Patrick Guyomard, Philippe Grauer a fondé le Centre interdisciplinaire de formation à la psychothérapie (CIFP). Il a rédigé d'excellents articles sur l'histoire des nouvelles thérapies.

de formation, que l'on peut classer en une cinquantaine de courants, parmi lesquels la thérapie familiale dite « systémique », la gestalt-thérapie, l'analyse transactionnelle, l'approche centrée sur la personne, le psychodrame, l'hypnothérapie, l'analyse psycho-organique, la psychosynthèse, la Sophia-analyse, le *rebirth,* l'EmetAnalyse [1], l'art-thérapie, la psychogénéalogie, la programmation neuro-linguistique, et enfin toutes les techniques psycho-corporelles. Notons que la psychanalyse est regardée par les psychothérapeutes, souvent eux-mêmes psychanalystes ou analysés, comme une psychothérapie parmi d'autres.

Quatre mille trois cents thérapeutes font partie de ces associations autoréglementées et inscrites dans un annuaire commun qui regroupe en tout presque sept mille membres [2], ce qui permet de les identifier et de les contraindre à se soumettre à des règles précises en matière de déontologie. Par ailleurs, de nombreux

1. École dite d'orientation postlacanienne, fondée par Bruno et Myriam Dal-Palu : « Le radical hébreu *emèt* (vérité) vient signifier paradoxalement que pour toute personne, il n'y a de vérité que du sujet [...]. Par ailleurs, l'affixe Analyse vient signifier son appartenance analytique qui va de la psychanalyse à l'analyse transactionnelle en passant par l'analyse systémique. » Psychanalyste, formé à l'ECF, Bruno Dal-Palu est secrétaire général de l'AFFOP.

2. *Registre des psychothérapeutes professionnels* – AFFOP, à paraître ; *Annuaires des psychothérapeutes* du SNPPsy, 2003 ; *Annuaires 2003 et 2004 des psychothérapeutes et des praticiens de la relation d'aide,* Lyon, Éditions Réelles, 2003-2004. Parmi ces psychothérapeutes répertoriés, on trouve environ 500 médecins (psychiatres ou généralistes) et 1 000 psychologues cliniciens. Les autres sont, à l'origine, éducateurs, enseignants, travailleurs sociaux, orthophonistes, infirmiers, kinésithérapeutes.

thérapeutes ne sont inscrits nulle part mais circulent entre différents groupes [1]. C'est pour traquer ces sept mille thérapeutes inscrits, et tous les « non-inscrits », qu'a été ouverte, il y a quelques années, la grande chasse aux charlatans et aux sectes menée conjointement par des psychiatres, des psychologues, des psychanalystes et l'État.

Comment classer correctement ces écoles de psychothérapie sans sombrer dans le simplisme ni dans l'accusation systématique de dérive, d'abus sexuels ou d'emprise sectaire ? La chose n'est pas aisée. On peut cependant y parvenir en les regroupant structuralement en trois catégories et, historiquement, en trois générations successives.

---

1. Il est très difficile d'en donner une estimation correcte. Plusieurs chiffres ont été avancés – jusqu'à 30 000. Et je me suis moi-même trompée dans mon estimation avant d'avoir enquêté. En réalité, d'après Armand Touati, qui a effectué un sérieux recensement dans *Cultures en mouvement* (65, mars 2004), ces psychothérapeutes non inscrits seraient en très petit nombre : pas plus de 500. Mais toutes les parties concernées ont tendance à grossir le chiffre : certains psychothérapeutes parce qu'ils veulent impressionner leurs adversaires, et le ministère de la Santé pour convaincre l'opinion de l'opportunité de sa politique de normalisation des consciences. Ainsi Bernard Accoyer se dit-il convaincu, comme il l'a déclaré maintes fois, que des centaines de charcutiers, de bouchers ou de commerçants français s'autoproclament psychothérapeutes en fixant des plaques professionnelles à l'entrée de leurs immeubles. Il semble également persuadé, comme beaucoup de psychanalystes, que les écoles de psychothérapie sont « infiltrées » par les sectes. Philippe Grauer, qui a lui aussi enquêté, a demandé au conseiller de Jean-François Mattei, Alain Corvez, d'où il tenait ses chiffres. Il n'a obtenu aucune réponse.

La première – la plus ancienne – est celle des pratiques issues de l'hypnose et de la suggestion [1]. La deuxième, apparue dès les années trente, est issue des différents courants dissidents de la psychanalyse qui s'implantèrent dans les grandes cliniques nord-américaines vouées au traitement des psychoses ou des pathologies dites « culturelles » [2]. Quant à la troisième, elle dérive des demandes d'hygiène psychique des années soixante. Aussi bien s'est-elle concrétisée par l'invention de nouvelles thérapies venues d'outre-Atlantique, et singulièrement de la côte ouest : thérapie familiale, transactionnelle, gestalt-thérapie, psychodrame, psychosynthèse [3], bioénergie, etc. [4]. À quoi s'ajoute une forme de psychothérapie contemporaine,

1. Hypnothérapie classique, *training* autogène, méthode inventée par Johannes Schultz (1884-1970), ou encore hypnose dite « ericksonienne », du nom de son inventeur, le psychiatre Milton Erickson (1901-1980). Celle-ci consiste à traiter les troubles de la personnalité par le sommeil paradoxal. Elle est pratiquée en France par le psychanalyste François Roustang notamment.

2. Comme, par exemple, la Menninger Clinic de Topeka au Kansas, fondée par Karl Menninger, et qui fut le lieu de passage obligé de tous les thérapeutes chassés d'Europe par le nazisme. Cf. Georges Devereux, *Psychothérapie d'un Indien des plaines* (1950), Paris Fayard, 1998.

3. Toutes ces psychothérapies sont indexées dans Élisabeth Roudinesco et Michel Plon, *Dictionnaire de la psychanalyse,* Paris, Fayard, 1997. Cf. également Corinne Morel, *ABC des psychothérapies. De la thérapie au développement personnel,* Paris, Grancher, 1997. Inventée par Eric Berne (1910-1970), l'analyse transactionnelle, proche de la thérapie familiale, consiste à établir une « transaction » entre les membres d'un groupe ou d'une même famille. Inventée par le psychanalyste et psychiatre italien Roberto Assagioli (1888-1974), la psychosynthèse s'apparente à la bioénergie.

4. Cf. *Les Nouvelles Thérapies,* dossier constitué par Philippe Grauer, La Documentation française, 390, 6 juin 1980.

la psychothérapie cognitivo-comportementale, qui n'a rien à voir avec les précédentes et qui prétend avoir, contrairement à elles, un fondement scientifique[1].

C'est dans la troisième catégorie que l'on peut ranger les thérapies corporelles, mais aussi certaines thérapies magiques, ésotéristes ou occultes. Nées sur la côte californienne, elles appartiennent à la grande nébuleuse du *New Age*, véritable creuset d'une rébellion libertaire qui débouchera sur des pratiques fort diverses : médecines parallèles, groupes associatifs mystiques (bouddhistes, hindouistes, karmistes, parapsychologiques).

En réalité, comme je l'ai déjà souligné, dans son principe même, la psychothérapie a partie liée avec le religieux : « On va chez le psychothérapeute, écrit Max Pagès, comme on allait autrefois à la messe, plus anciennement chez le sorcier du village, et l'on attend et obtient les mêmes effets : un soulagement temporaire des angoisses et des misères quotidiennes et l'identification à des leaders charismatiques[2]. »

Parce qu'elles mettent en jeu le corps, et pas seulement la parole, et qu'elles préconisent une possible libération immédiate du sexe et de l'angoisse, en évitant au sujet une exploration en profondeur de son inconscient, les nouvelles thérapies sont ressenties en Occident, depuis 1980, comme beaucoup plus « libératrices » que la psychanalyse. Que la « liberté » qu'elles octroient soit de

1. À ce sujet, on se reportera au chapitre IV du présent ouvrage.

2. Max Pagès, « Une nouvelle religion : la psychothérapie », *Le Monde,* 30 septembre 1979.

nature imaginaire ne change rien au fait qu'elles sont de plus en plus désirées au sein d'une société civile où la demande de jouissance immédiate répond autant au principe d'une économie libérale qu'au désenchantement ressenti devant les effets de la rationalité. Aussi bien se sont-elles développées sur le terreau d'une réaction libertaire, notamment après 1968, comme une alternative à la psychanalyse, jugée autoritaire et toujours suspecte de chercher à culpabiliser le désir humain.

Face à cette pluralité, les psychothérapeutes eux-mêmes eurent à cœur de définir une « démarche intégrative » ou « multiréférentielle » qui intégrerait à la fois la visée psychanalytique et de nombreux aspects de la technique psychothérapeutique afin de traiter chaque patient selon sa pathologie [1].

Par définition, les thérapies « magiques » ou « délirantes » sont incontrôlables et impossibles à évaluer [2]. Et c'est précisément parce qu'elles se développent dans les réseaux associatifs des sociétés démocratiques que les écoles de psychothérapie sont sans cesse suspectées de les abriter, de les protéger, de les couvrir.

---

1. Cf. Edmond Marc, « Pluralité et complémentarité des psychothérapies », *Psychologie clinique,* 9, printemps 2000, numéro spécial consacré aux psychothérapies, sous la direction de Jacqueline Carroy.

2. Le cas de Maud Pison est caractéristique. Patiente analysée sur un divan freudien, elle est devenue l'adepte d'une thérapie délirante, puis gourou d'un groupe mystique qui ressemble à s'y méprendre à une secte. Se croyant la réincarnation de la Vierge Marie, elle a fondé un « Institut de recherches psychanalytiques » qui propose aux « patients » de limer leurs ongles à la fraise dentaire et de laisser pousser leurs cheveux afin d'obtenir une meilleure communication

«À la suite d'un déménagement, et d'un décès qui lui a causé un traumatisme, ma compagne décide de voir un psychothérapeute magnétiseur. Au bout de deux séances, elle m'informe que celui-ci m'a vu à travers elle et qu'il désire me rencontrer au plus vite car notre couple est en danger. Une fois que je lui ai rendu visite, il commence à détruire mon image auprès de sa patiente, justifiant son discours psychothérapeutique par un fatras syncrétique de catholicisme et d'approche "karmique". Un jour, alors qu'elle lui dit que je n'ai pas envie de le revoir, il hurle et m'insulte, me traite de "merde" et lui ordonne de me quitter.»

«Tous les week-ends, ma sœur, elle-même ostéopathe[1], se rend chez un psychothérapeute transactionnel et homéopathe. Depuis qu'elle a

---

avec les ondes cosmiques. Cf. Jean-Marie Abgrall, *La Mécanique des sectes,* Paris, Payot, 1996. Quant à la secte de «psychanalyse tantrique», dirigée par Michel-Régis Malea, elle propose un «enseignement» qui permet une «meilleure compréhension entre hommes et femmes» : découverte des énergies féminine et masculine, rencontre de l'autre et de soi-même, connaissance du souffle vital, sacralité du toucher. Elle diffuse régulièrement des opuscules étranges sur Ninon de Lenclos, Crébillon, Freud, Raspoutine, etc. Issu du bouddhisme mahayana, le tantrisme allie rites religieux et sexualité. En conséquence, la relation sexuelle avec le gourou fait partie de la thérapie, en tant que méthode d'accès à l'«illumination».

1. Inventée en 1874 par le médecin américain Taylor Still (1828-1917), l'ostéopathie est une technique de manipulation des vertèbres. Elle s'appuie souvent sur des «théories énergétiques», qui relèvent des médecines parallèles. En France, depuis un arrêté du 6 janvier 1962, elle est réservée aux médecins. Elle est néanmoins pratiquée par de nombreux thérapeutes qui ne sont pas diplômés et qui ont entrepris d'obtenir un statut identique à celui des psychothérapeutes. Cf. Renaud Marhic et Emmanuel Besnier, *Le New Age,* Bordeaux, Le Castor Astral,1999.

commencé sa cure, elle tient un discours violemment antimédical : antivaccinations, antimédicaments. Elle ne jure que par l'homéopathie, la naturothérapie, la cristallothérapie (destinée à la purger et à purger le jardin de toutes ses taupes). Pour couronner le tout, elle pense appartenir à l'élite spirituelle. Elle suit sa formation dans une association pratiquant des "marathons thérapeutiques", de l'analyse transactionnelle et de l'ostéopathie[1]. »

Depuis une dizaine d'années, bien des témoignages de ce genre ont été adressés au ministère de la Santé ou à des associations de vigilance par des parents de victimes abusées. Ils sont régulièrement évoqués pour apporter la preuve que les écoles de psychothérapie seraient en réalité de véritables officines des sectes[2].

---

1. On trouve de nombreux témoignages de ce genre sur le site de *Psychothérapie Vigilance*. Cf. également Jean-Marie Abgrall, *Les Charlatans de la santé, op. cit.* Parmi les sectes qui se réclament de différentes psychothérapies, ou tout simplement de médecines parallèles, on compte notamment la catharsis glaudienne, inventée par Albert Glaude et proposant de « réactiver les occultations responsables du mal-être en utilisant un tunnel symbolique », le *lying* et les vies antérieures, les techniques dites « métamorphiques », le voyage astral. Inventé par le psychologue californien Leonard Orr, le *rebirth* est une thérapie dite de la « renaissance », pratiquée parfois par des psychanalystes et revisitée par les sectes. Elle consiste à réactiver l'énergie du patient en le faisant respirer. Inventée par Ida Rolf (1896-1979), le *rolfing* est une méthode de manipulation corporelle visant à rééquilibrer le corps en relation avec la gravité et les différents groupes de muscles. Il s'appuie sur une « théorie » de l'harmonisation universelle qui a donné lieu à de sérieuses dérives ésotéristes.

2. J'ai moi-même souvent entendu des psychanalystes et des psychiatres affirmer, sans la moindre preuve, que les associations de psychothérapie serviraient à dissimuler des entreprises sectaires, et notamment la secte Moon.

Tapi dans l'ombre, le charlatan, patient ou thérapeute, est donc là, toujours là, telle une souillure ontologique au cœur de la cité : « Si ce n'est toi, c'est donc ton frère… »

C'est bien pour se démarquer de ces dérives que les associations de psychothérapeutes français ont entrepris, vers 1995, des démarches auprès des pouvoirs publics afin d'obtenir l'institution d'un Office des professions de santé non médicales. Bernard Accoyer, député médecin de la droite gaulliste, lui-même conseillé par un psychiatre psychanalyste membre de la SPP [1], entra alors dans le combat pour proposer, en octobre 1999, une orientation totalement différente visant à faire passer sous le contrôle du pouvoir médical l'ensemble des activités des psychothérapeutes [2].

Conscients du danger d'une telle inféodation, les psychothérapeutes contre-attaquèrent en demandant aux pouvoirs publics la création d'un statut proche de celui qui a été institué dans différents pays

1. Christian Vasseur, savoyard comme lui.

2. Par un amendement au Code de la santé ainsi rédigé : « L'usage du titre de psychothérapeute est strictement réservé d'une part aux titulaires du diplôme de docteur en médecine, qualifié en psychiatrie, et d'autre part aux titulaires d'un diplôme de troisième cycle en psychologie. » Cf. « Proposition de loi relative à l'exercice de la profession de psychothérapeute, à l'attribution et usage du titre », présentée par Jean-Michel Marchand, André Aschieri, Marie-Hélène Aubert, Yves Cochet et Noël Mamère, Assemblée nationale, le 28 mars 2000. C'est dans la même perspective que le sénateur Adrien Gouteyron présentera au Sénat, le 19 décembre 2003, un amendement à l'amendement Accoyer qui recevra le soutien des syndicats de psychothérapeutes et de l'ECF.

européens[1]. Trois projets de loi furent alors déposés à l'Assemblée nationale. Le premier, soutenu par le député vert Jean-Michel Marchand, prévoyait l'officialisation du titre de psychothérapeute, garanti par une certaine formation dispensée dans les institutions privées *agréées par le ministère de la Santé*. Le deuxième, défendu à nouveau par Bernard Accoyer, consistait à faire passer la psychothérapie sous le contrôle du pouvoir médical. Quant au troisième, avancé par un député médecin de tendance socialiste, Serge Blisko, il réclamait la création d'un Office interprofessionnel des professions de la psyché.

À l'évidence, le premier et le troisième projet confortaient les espérances des psychothérapeutes soucieux de ne pas voir inscrire leurs activités dans des programmes de santé publique mais désireux néanmoins d'apporter à l'État la garantie que leurs formations ne dissimulaient ni abus ni entreprise sectaire susceptibles de susciter des plaintes. Bien entendu cette autorégulation de type libéral présentait l'inconvénient, aux yeux des praticiens de la discipline reine, d'inclure à terme la psychanalyse dans la longue liste des psychothérapies. Et d'ailleurs, les psychothérapeutes ne s'en cachaient pas puisqu'ils cherchaient en effet à tracer les contours d'une « maison commune » susceptible d'accueillir les quatre professions de la psyché[2] : crime de lèse-majesté!

1. Cette question sera traitée au chapitre V.

2. Psychiatrie, psychologie, psychanalyse, psychothérapie. Cf. « La psychothérapie dans notre société. État actuel et perspectives », colloque organisé à l'Assemblée nationale par le SNPPsy et l'AFFOP sous la présidence de Jean-Michel Marchand, 18 novembre 2000.

Il n'en fallait pas plus pour que les psychanalystes déclenchent une véritable guerre de tranchées contre les psychothérapeutes, multipliant les colloques à l'Assemblée nationale et les démarches au ministère de la Santé et à la commission des Affaires sociales du Sénat[1]. Coordonnant leurs actions par l'entremise d'un groupe dit de « contact », qui permit d'instaurer un lien entre les deux sociétés de l'IPA (SPP et APF) et les « bons lacaniens », à savoir l'Association lacanienne internationale (ALI), Espace analytique et la Société de psychanalyse freudienne (SFP), les représentants des grandes associations freudiennes acceptèrent alors, contre toute la tradition de la psychanalyse laïque[2] définie par Freud, le pire des projets[3], celui qui ferait passer sous la coupe d'une politique de la santé mentale fondée sur l'expertise et le contrôle des consciences, non seulement les psychothérapies mais *la psychanalyse elle-même*.

Et c'est ainsi qu'au matin du 12 décembre 2003, après avoir mené pendant quatre ans une bataille farouche contre leurs frères ennemis, ils acceptèrent, devant un ministre bienveillant, que les uns fussent inscrits sur des listes préfectorales et que les autres en

1. Cf. Jacques Sédat, « La psychanalyse et l'État », *Figures de la psychanalyse,* 5, 2001.

2. Rappelons que Freud considérait que sa discipline devait rester « libre » et ne jamais s'inféoder à un quelconque pouvoir médical ou religieux : ni les médecins, ni les prêtres. Le combat en faveur de l'analyse dite « profane » ou « laïque » a divisé pendant un siècle le mouvement psychanalytique mondial.

3. Il s'agit de l'amendement Accoyer-Giraud-Mattei, dont j'ai parlé au chapitre premier.

fussent dispensés, et ils livrèrent leurs annuaires afin que l'État soit en mesure, à l'avenir, de répondre à l'angoisse des patients, victimes tantôt de thérapies magiques, tantôt d'emprises sectaires. Sans doute oublièrent-ils ce jour-là que les trois quarts de ces psychothérapeutes avaient été formés à la psychanalyse sur leurs divans et dans leurs écoles, et qu'ils faisaient partie en quelque sorte de la « famille » : une branche rejetée, dissidente, désavouée, désordonnée, mais une branche de la famille tout de même.

À la fin de l'année 1963, au moment où Lacan fut radié par l'IPA de la liste des didacticiens, Éliane Amado Lévy-Valensi, une psychanalyste israélienne qui n'appartenait pas au parti des lacaniens, adressa à Serge Leclaire une lettre dans laquelle elle commentait un passage du Talmud : « "Si une ville est assiégée et en danger de périr et que l'assiégeant propose de lever le siège si on ne livre pas un homme, la ville doit périr plutôt que de livrer cet homme. Même si cet homme est un criminel, même s'il doit être exécuté le jour même." Ce sont là des images extrêmes, ajoutait-elle : nous ne sommes pas en danger de mort et notre victime désignée n'est pas coupable de crime. Le schéma moral toutefois reste le même [1]. »

Sans doute les psychanalystes français devraient-ils méditer cette phrase, aujourd'hui plus que jamais.

1. Lettre d'Éliane Amado Lévy-Valensi à Serge Leclaire du 7 novembre 1963.

III

L'univers des sectes

À l'origine, le mot « secte» désigne un groupe qui se sépare d'une école de pensée, d'une Église, d'une religion ou d'une institution politique pour se réunifier autour d'un maître hérétique. À cet égard, les grandes sectes d'inspiration gnostique, platonicienne ou orientaliste, qui prônaient l'insurrection spirituelle, la quête de l'immortalité ou la recherche d'une connaissance mystique, avaient pour référence majeure une véritable philosophie de la liberté. Et c'est à travers cette thématique que s'inscrivit, au cœur même de l'histoire de la rationalité humaine, la longue aventure, obscure et refoulée, d'un désir de l'homme de ne pas se satisfaire d'être simplement homme.

Le cas le plus fascinant est celui de ces ismaéliens que l'on appelait les Assassins[1]. Ils furent les premiers

1. Le mot «assassin» provient du terme *hashishin* qui signifie «buveur de hachisch».

à porter ce nom pour avoir systématisé le tyrannicide, c'est-à-dire le meurtre rituel des chefs politiques et religieux contre lesquels ils s'étaient rebellés. En 1164, l'imam de la communauté mit en acte, dans sa forteresse d'Alamût, située au nord de l'Iran, une forme extrême de mysticisme qui n'était autre que la figure sublime d'une liberté fondée sur la servitude envers Dieu. La proclamation d'une grande résurrection s'apparentait alors à un désir de contestation de l'autorité religieuse proche de ce que sera plus tard celui des jansénistes : « Au prix, écrit Christian Jambet, d'être toujours fascinés par le désastre et de transformer leur liberté en servitude intérieure à l'égard de la personne de l'imam. D'où le culte de la personnalité qui conduit à écrire des phrases de ce genre : "Qui a vu l'imam a vu Dieu. Qui n'obéit pas à l'imam n'obéit pas à soi-même." [1] »

Moins d'un siècle après cet événement, la communauté sera dissoute et le dernier maître d'Alamût succombera sous les coups des envahisseurs mongols. Le nouvel objectif des intellectuels ismaéliens sera dès lors de conquérir de l'intérieur un conquérant impossible à vaincre.

C'est la figure de la servitude volontaire que l'on retrouve dans la secte thérapeutique (*ashram*) de Shri Rajneesh Baghwan. En 1980, celle-ci comptait soixante-dix mille adeptes européens et américains dans le monde, dont plusieurs milliers se rendaient

1. Christian Jambet, *La Grande Résurrection d'Alamût. Les formes de la liberté dans le shî'isme ismaélien*, Lagrasse, Verdier, 1990.

chaque année à Poona, en Inde, pour y pratiquer une forme de thérapie corporelle fondée sur la violence physique : viols collectifs, membres brisés, dents cassées, visages meurtris. Pour être admis devant le gourou guérisseur, chaque adepte devait subir des rites de purification allant jusqu'au grattage de langue ou au « reniflage » de leurs odeurs effectué par des femmes dûment sélectionnées. Le plus étonnant, c'est que les adeptes de ces pratiques appartenaient à l'élite d'une certaine intelligentsia occidentale : « Je fus surpris, écrit Max Pagès, par la soumission oppressive et absurde de participants instruits et formés à des disciplines intellectuelles exigeantes, professeurs d'université, psychanalystes, médecins. Tel auteur célèbre, le lendemain du jour où on lui avait cassé une dent dans un groupe, faisait acte d'allégeance au gourou [...]. Ce sont donc nos frères, nos confrères. "Que veux-tu, disait une participante, j'ai connu l'Église catholique, le parti communiste, le gauchisme, le mouvement féministe. Maintenant, je suis ici." [1] »

Véritable structure transhistorique, le phénomène sectaire se retrouve, à des degrés divers, dans tous les groupements humains à visée messianique ou thérapeutique – dans le chamanisme et la transe, par exemple –, mais aussi dans toutes les écoles de psychiatrie dynamique et de psychothérapie. Issues de

1. Max Pagès, « Une nouvelle religion : la psychothérapie », art. cité. S'appuyant sur Louis Dumont, Catherine Clément rappelle qu'en Inde il existe des milliers de sectes qui, loin d'être liberticides, visent à abolir le système des castes : « L'horreur en somme », *Le Nouvel Âne,* novembre-décembre 2003.

la contestation d'un savoir dominant, jugé incapable d'apporter la curabilité souhaitée, celles-ci revalorisent sans cesse, à travers la place qu'elles accordent au maître initiateur et « guérisseur », la double figure paradigmatique de la servitude et de la liberté.

Mais plus le groupe dissident est en rupture avec le système interprétatif originel qui assurait son ancienne cohérence, plus il risque de sombrer dans la dérive sectaire. C'est ainsi que la doctrine, réduite à une technique coercitive, peut s'inverser en son contraire. Au lieu de rechercher la vérité de Dieu – ou du savoir objectif – à travers l'enseignement d'un maître, les membres de la nouvelle communauté voient dans le maître la source de toute vérité. Celui-ci est alors érigé en gourou idolâtré par des adeptes qui ne sont plus des disciples. Dans ce cas de figure, la servitude envers Dieu ou envers un maître n'est plus un mode d'accès à la liberté, mais l'expression d'un esclavage qui conduit le sujet à aduler le corps sexuel du gourou. En conséquence, le crime devient la loi, l'inceste le fondement de toute filiation, la maladie la purification de l'âme et la terreur l'horizon même de la communauté. Vouée d'abord à la quête d'une inversion perverse de la loi, la secte ne peut ensuite s'évader de la déception à laquelle le réel la condamne qu'en organisant le suicide collectif de ses membres.

Symptôme d'une annulation de la frontière entre le dedans et le dehors, entre le normal et le pathologique, le phénomène moderne de l'organisation sectaire n'a plus rien à voir avec le messianisme rebelle des temps anciens. Ayant voué aux gémonies l'idée même d'une possible liberté humaine, il est à la religion ce que les médecines parallèles sont à la médecine scientifique, et à l'État de droit ce que le fascisme est à la démocratie.

Mais le phénomène sectaire est aussi aux psychothérapies ce que celles-ci sont à la psychanalyse. Souillure et fléau, il est cette chose innommable – cette *charlatanerie sans frontières* – par laquelle une communauté humaine désigne sans cesse ce qu'elle n'est pas. Et c'est bien parce que la secte est à la fois la pourvoyeuse d'une drogue (*pharmakos*) et la drogue elle-même (*pharmakon*) qu'elle prétend guérir ses adeptes de toutes les toxines inventées par les sociétés démocratiques, par la médecine et par la psychiatrie : pesticides, psychotropes, graisses animales, médicaments, cocaïne, colorants, détergents, etc.

Mais en tant que phénomène planétaire, la secte d'aujourd'hui est aussi un équivalent de cet *autre* terrorisme, beaucoup plus criminel, qui caractérise l'État voyou (ou l'État charlatan) dans sa relation à l'État-nation ou à l'État de droit : « [...] la source la plus irréductible de la terreur absolue, écrit Jaques Derrida, celle qui, par définition, se trouve la plus démunie devant la pire menace, ce serait celle qui provient du "dedans", de cette zone où le pire "dehors" habite "chez moi" [1] ». À cet égard, la grande secte des Évangéliques [2], issue des Églises protestantes traditionnelles, et qui s'est

1. Cf. Jacques Derrida et Jürgen Habermas, *Le « concept » du « 11 septembre », op. cit.*, p. 145.
2. Qui se définit comme une Église.

donné pour mission d'organiser l'« Armageddon » (la bataille finale entre le bien et le mal) en réveillant les chrétiens de leur assoupissement, est certainement l'une des plus puissantes de la planète : elle compte cinq cents millions d'adeptes répartis dans le monde – et plus particulièrement aux États-Unis et en Amérique latine[1].

Au Brésil, les évangéliques se sont emparés du savoir psychanalytique en contestant et en contournant les sociétés freudiennes de toutes tendances. Après avoir créé une Société de psychanalyse dite « orthodoxe » et « formé » mille cinq cents praticiens en prétendant être en mesure de distinguer une schizophrénie d'une possession démoniaque en fonction d'une réaction du patient à la phrase « Le sang de Jésus a du pouvoir », ils ont, en 2000, élaboré un projet de loi pour réclamer à l'État une réglementation de la profession psychanalytique[2]. Cette situation est unique dans les annales du mouvement psychanalytique.

Comme la dissémination des armes nucléaires et bactériologiques, comme la dispersion clandestine des organismes vivants – embryons, greffons, sperme, ovocytes –, comme la circulation occulte des drogues, de la monnaie ou des martyrs, le spectre de la mécanique sectaire hante l'avenir des sociétés démocratiques. Par

1. George W. Bush, président des États-Unis, adepte du combat contre l'« axe du mal », est membre de l'une des composantes du mouvement évangélique. Cf. *Le Nouvel Observateur* : « Les évangéliques, la secte qui veut conquérir le monde », 26 février-3 mars 2004.

2. Projet de loi 3, 944, 2000, présenté par Eber Silva, député évangélique de Rio de Janeiro.

l'horreur qu'elle suscite, par le défi qu'elle lance à la tradition des Lumières et par le programme d'eugénisme dont elle se réclame, l'organisation sectaire contemporaine semble vouloir abolir le principe même d'une transmission généalogique. À force de récuser la loi pour effacer la séparation entre soi et l'autre, elle porte à leur incandescence le sacrifice du corps, l'anéantissement de la conscience, la destruction de l'identité et les pratiques sexuelles transgressives ou perverses. Aussi repose-t-elle toujours sur la promesse d'une mort de la civilisation et sur la croyance délirante en un possible nouvel âge (*New Age*) de l'univers.

« Nous pourrons être fondus dans la moelle des os du messie et nous pouvons devenir une semence du messie. Alors cette semence pure sera semée dans l'utérus de l'épouse sans péché. En entrant dans la moelle des os du messie, une femme peut devenir une semence du messie sans péché. Si les deux parents sont sans péché, leur fille sera sans péché : c'est le changement de lignée. » Et encore : « Nous vous proposons de nous aider à accélérer la catastrophe finale qui ne fera que purifier l'univers en détruisant les êtres qui sont le fruit d'une expérience ratée. Aidez-moi à appliquer mon plan qui repose sur une activation des différents racismes afin d'obtenir l'éclatement d'une guerre mondiale. » Et enfin : « Je ne vois pas en quoi les mesures populaires, l'auto-abnégation et la démocratie ont jamais fait quoi que ce soit pour l'homme, sinon l'enfoncer dans la boue [1]. »

1. Alain Vivien, *Les Sectes, op. cit.* p. 32 ; et Jean-Marie Abgrall, *La Mécanique des sectes, op. cit.*, p. 78.

Ces déclarations émanent des fondateurs des trois sectes du XXe siècle les plus tristement célèbres de la planète : Sun Myung Mun (Moon) pour l'Association en faveur de l'unification du christianisme mondial (AUCM), Claude Vorilhon pour le Mouvement de géniocratie mondiale (ou secte de Raël), Lafayette Ron Hubbard pour l'Église de scientologie et la « thérapie » dite « dianétique ». Elles ont pour point commun la haine de la démocratie, le rejet de la science et de la médecine, la croyance en l'immortalité, le culte de l'inégalitarisme et l'obsession de la pureté biologique[1].

Fondée en 1968, la secte Moon a pris le relais des différents mouvements de chasse aux sorcières animés par des militaires sud-coréens et qui visaient à éradiquer, avec l'aide de la CIA, le fléau du communisme mondial vécu comme le Satan des Temps modernes. Condamné à plusieurs reprises pour viol et perversions sexuelles, Sun Myung Mun a toujours revendiqué les valeurs d'un christianisme traditionnel tout en dépouillant ses adeptes de leurs biens et en les obligeant à se marier entre eux sous sa bénédiction, après avoir lui-même profité d'un bien étrange droit de cuissage. Installée dans de nombreux pays, et gérée à la manière d'une entreprise multinationale, l'AUCM a toujours présenté ses pratiques de

1. Lafayette Ron Hubbard (1911-1986), de nationalité américaine, est un ancien auteur de science-fiction. Sun Myung Mun (né en 1920), de nationalité sud-coréenne, est un ancien militaire. Claude Vorilhon (né en 1946), Canadien d'origine française, est un autodidacte qui a changé plusieurs fois d'activités et d'identité.

conversion comme des expériences mystiques ou thérapeutiques de purification de l'âme et du corps.

Après avoir été enlevé par une soucoupe volante en 1973, Claude Vorilhon a fondé un mouvement destiné à accueillir les extraterrestres. En tant que fils de Dieu réincarné en ange Raël, il a posé comme principe fondateur de sa secte l'obligation du lien sexuel avec tous ses adeptes, hommes, femmes, enfants. Obsédé par les questions de « filiation », il a réussi à convaincre cinquante femmes « raéliennes » d'accepter de recevoir un œuf, reproduit cinquante fois à l'identique. Grâce à ce « clonage reproductif », inspiré par les recherches contemporaines sur les embryons, il a prétendu pouvoir « dupliquer » un enfant mort à l'âge de dix ans, que ses parents espéraient ainsi voir « ressusciter ». Pour réaliser cette prouesse, il a fait appel à une équipe de « savants » dûment formés par sa secte. Aussi a-t-il été reçu, en mars 2001, comme un véritable chercheur par le Congrès américain[1]. Bien qu'aucune « fabrication » de clone ne soit réalisable dans de telles conditions, de nombreux médecins, savants et généticiens se sont persuadés que des « bébés clonés » allaient bientôt envahir la planète…

Beaucoup plus moderne dans ses méthodes de coercition totalitaire, l'Église de scientologie, comme son nom l'indique, a toujours eu pour projet de réconcilier la science et la religion, et c'est la raison

1. L'audition de Claude Vorilhon a eu lieu en [illegible]ar[illegible] 200[illegible]. [illegible]f. *Libération*, 30 mars 2001.

pour laquelle elle revendique le statut d'une véritable religion tout en se prétendant porteuse des valeurs de la scientificité contemporaine. En ce sens, elle est sans aucun doute la secte la plus pernicieuse du monde occidental puisqu'elle emprunte à ce monde un savoir apparemment objectif, un système de croyance aux allures modérées et un modèle de cure thérapeutique des plus « rationnels », emprunté tantôt à la psychanalyse, tantôt à l'analyse dite « transactionnelle », et tantôt à la psychologie du comportement ou aux neurosciences : conditionnement, hypnose, béhaviorisme, thérapie cognitivo-comportementale. Véritable « drogue de subtitution », elle propose à ses adeptes un *pharmakon* « écologique » qui aurait pour vertu de guérir la cité de toutes les pollutions que lui inflige l'ère industrielle : chômage, misère sociale, solitude psychique.

Aussi la secte se réclame-t-elle, pour les bafouer, de tous les grands principes fondateurs des démocraties et de toutes les aspirations hygiénistes propres à l'individualité moderne. Droits de l'homme, lutte contre les discriminations, accès à un bien-être et à une réussite sociale mérités, tels sont les thèmes véhiculés par ses multiples « associations » : Association pour les droits de l'homme et contre la discrimination, École de l'éveil, École du rythme, Comité d'action pour le droit à un bon environnement ou pour le respect des droits de la défense, etc. Soucieuse de respectabilité, la secte n'hésite pas, comme les tenants du scientisme ou de la psychopharmacologie, à affirmer que ses méthodes ont été évaluées, testées ou expertisées par de hautes instances médicales et de nombreux comités d'éthique. Mieux encore, elle suscite sans cesse la collaboration de personnalités du monde du spectacle – John Travolta, Julia Migenes, Chick Corea, qui sont censées témoigner des bienfaits qu'elle dispense à l'humanité tout entière.

Pour le futur adepte, l'entrée dans la secte s'effectue en plusieurs étapes. Il doit d'abord se familiariser avec la littérature canonique du gourou fondateur. Il doit ensuite subir des « tests de personnalité » qui mettent en évidence ses points faibles. Enfin, il rencontre quelques notables du mouvement qui lui proposent un travail pour un salaire dérisoire, ce qui revient fondamentalement pour lui à offrir à la communauté ses biens et ses revenus. Il souscrit alors un « contrat » valable pour un milliard d'années, puis il apprend à découvrir en lui l'existence d'une « deuxième dynamique (ou D2) », véritable « impulsion à survivre à travers le sexe ». Si celle-ci est défaillante, cela signifie qu'il souffre d'une pathologie. Et pour en guérir, il lui faudra renoncer au partenariat unique et se livrer à des pratiques sexuelles nouvelles : collectives ou sado-masochistes.

Bientôt, l'adepte a le droit d'accéder au vocabulaire « secret » de la scientologie qui fera de lui un initié capable à son tour de recruter d'autres adeptes. De même que la secte mobilise le jargon des médecines parallèles comme un substitut du discours médical (qualifié d'assassin), de même elle recourt aux termes de la psychologie ou de la psychanalyse pour les transformer en un jargon supposé être beaucoup plus

« scientifique » que la terminologie en usage dans ces deux disciplines.

Ainsi l'adepte apprend-il, au cours d'un long travail de *co-coaching* ou de *co-auditing* calqué sur la psychothérapie, que « le produit final de la dianétique est un être humain en bonne santé et au QI élevé », ou que « les membres atrophiés, les taches de peau, les éruptions cutanées, la cécité ou la surdité peuvent être guéris par la dianétique [1] ».

Mais, pour que l'initiation de l'adepte soit parfaite, encore faut-il la compléter par le test de l'« électromètre ». Selon Hubbard, l'être humain est composé de trois sphères : le thétan, le mental, le corps physique. Situé hors du corps humain, le thétan est une énergie cosmique d'origine extraterrestre qui fut d'abord congelée puis réchauffée par les volcans avant de se matérialiser en chaque individu pour lui donner la vie. Par l'intermédiaire de la sphère mentale, le thétan peut s'exprimer puis se concrétiser dans le corps physique. Aussi peut-il être saisi par un « électromètre », dont le principe est l'enregistrement de ses variations.

Soumis d'abord à une « cure », puis à une mesure « scientifique » de son « énergie cosmique », l'adepte est bientôt convié à des séances d'autohypnose dont le contenu est rapporté à un « superviseur » qui suit et dirige le « traitement ». Les documents recueillis au cours de ces multiples confessions constituent la pièce maîtresse qui permet à la secte d'accroître son emprise sur l'adepte, au cas où celui-ci tenterait de s'échapper.

1. Jean-Marie Abgrall, *La Mécanique des sectes, op. cit.*, p. 233.

Mais le traitement est surtout destiné à « guérir » le sujet de ses attaches avec un monde extérieur jugé néfaste pour son nouveau bien-être : conjoints, parents, enfants, employeurs. Une fois rendu indifférent à cet environnement « pathologique », l'adepte peut continuer à vivre « normalement » et à fréquenter les personnes de son choix.

Désormais, il sera astreint à d'autres formes de « purification thérapeutique », destinées à le protéger autant des cancers et des maladies cardio-vasculaires que des méfaits d'une société démocratique jugée névrotique, psychotique ou criminelle : le sauna hebdomadaire, pour des durées allant jusqu'à six heures, à la température de soixante degrés ; la course à pied quotidienne ; un régime alimentaire composé de légumes à peine cuits ; et enfin une mégavitaminothérapie pouvant atteindre des doses mortelles [1].

Qu'ils soient psychotiques, névrosés, dépressifs ou qu'ils ne souffrent apparemment d'aucun trouble psychique, les futurs adeptes deviennent membres de l'Église de scientologie en croyant y trouver cette liberté qui se dérobe à eux dans la vie quotidienne. Désenchantés, désengagés, égarés dans un monde qui ne leur offre plus que l'image d'un narcissime conquérant auquel ils se sentent étrangers, ils recherchent alors dans la contrainte la plus totalitaire et dans la servitude la plus abjecte les moyens de guérir de la vacuité de leur être et du néant, parfois insaisissable, d'une relation depuis longtemps perturbée avec leurs proches ou leurs parents.

---

1. Cf. Jean-Marie Abgrall, *La Mécanique des sectes, op. cit.*

Il existe dans le monde des milliers de sectes [1] qui ne sont pas toutes organisées sur le modèle de la scientologie. La plupart des gourous qui les dirigent ont été ou auraient pu être des patients de psychiatres, de psychanalystes ou de psychothérapeutes. Parfois, ils sont médecins, dentistes, homéopathes, ostéopathes, acupuncteurs, psychothérapeutes, psychiatres, etc., mais bien souvent ils sont simplement autodidactes [2] et sans aucun diplôme. Ils entretiennent avec l'adepte une relation fusionnelle, ponctuée de sévices sexuels, d'épisodes délirants et d'escroqueries financières. Quant aux adeptes, issus pour la plupart des classes moyennes ou de la grande bourgeoisie, ils fréquentent le monde de la presse, du spectacle, de la médecine, de l'entreprise ou de la fonction publique, parfois sans que personne se doute de leur calvaire. En France, on a recensé cent soixante-douze sectes en 1995 et plus de trois cents groupes « à tendances sectaires » composés de thérapeutes et de patients psychotiques, dépressifs, suicidaires, délirants, toxicomanes, alcooliques. Cinq cent mille personnes ont été « touchées » par le phénomène sectaire entre 1982 et 1999 [3].

---

1. Bouddhistes (Sukyo Mahikari), hindouistes (Khrishna, Brahma Kumari World Spiritual University, qui a statut d'ONG), judéo-chrétiennes (Témoins de Jéhovah, Waco, mormons, Christian Science, pentecôtistes), néopaïennes (Raël), ésotéro-occultistes (ordre du Temple solaire), écoles de sagesse (méditation transcendentale, Nouvelle Acropole, Fraternité blanche universelle), écologistes (Ecoovie, Invitation à la vie intense), etc.

2. Cf. Jean-Marie Abgrall, *Les Charlatans de la santé, op. cit.*

3. Cf. Alain Vivien, *Les Sectes, op. cit.*

Quand ils échappent à leur servitude volontaire, parfois après vingt ans d'humiliation, les anciens adeptes ne parviennent pas à vivre sans aide. Aussi ont-ils recours à des psychothérapeutes, à des psychanalystes, à des psychologues ou à des psychiatres. Ils parcourent à l'envers le trajet qui les avait conduits à expérimenter les principes d'une « cure » qui n'était qu'un simulacre de cure. La nouvelle cure se substitue donc à l'ancienne, et l'adepte, devenu patient, est traité tantôt par des drogues – des psychotropes -, tantôt selon d'autres techniques, non plus pour être enrôlé dans un système totalitaire mais pour tenter de comprendre la signification de son comportement antérieur. Forts de leur expérience, certains anciens adeptes deviennent psychothérapeutes[1], non diplômés et non inscrits sur des listes, mais nombre d'entre eux ont aussi recours aux médecines parallèles – homéopathie, phytothérapie, iridologie – ou à de nouvelles thérapies.

C'est sans aucun doute au cœur du mouvement *New Age* qu'ont été réunies, pendant une vingtaine d'années, toutes les composantes de ces nouvelles thérapies.

Mouvement néospiritualiste composé de mages, de thaumaturges et de mystiques, l'occultisme apparut à la fin du XIXe siècle en réaction contre le positivisme des savoirs enseignés dans les universités des pays

1. Plusieurs témoignages ont été publiés dans *Le Journal des psychologues,* 174, février 2000. Dossier intitulé : « Les sectes, un danger pour la profession ».

occidentaux. Il s'agissait alors de réunir en une sorte de syncrétisme, diffusé par différentes sectes, des thèmes communs aux religions occidentales et orientales afin de revaloriser les savoirs dits « occultes » ou « refoulés » autant par le discours scientifique que par les religions instituées en Églises.

C'est sur ce terreau que se développa aux États-Unis, et en liaison avec la grande épidémie de spiritisme qui frappait les femmes, une nouvelle doctrine ésotérique inspirée de l'ancienne Théosophie. Persuadée que les « maîtres invisibles » de la tradition mystique avaient trouvé refuge sur les hautes cimes de l'Himalaya, Alice Bailey, spirite et télépathe[1], forgea en 1948 l'expression *New Age* pour désigner le futur « âge d'or » auquel l'humanité devait accéder par une connaissance approfondie et subjective de l'au-delà.

En 1961, au moment où le mouvement psychanalytique américain évoluait, d'un côté, vers une soumission toujours plus accentuée aux principes d'une psychiatrie biologique, et, de l'autre, vers la prise en compte de la « culture du narcissisme », Michael Murphy créa à Esalen, petite station balnéaire de la côte californienne de Big Sur, un institut qui se donna pour mission de réunir tous les

1. Freud, on le sait, s'est beaucoup intéressé à la question de la télépathie (communication à distance par la pensée) pour montrer que le phénomène n'existait pas. « La psychanalyse, écrit Jacques Derrida, avale et rejette à la fois ce corps étranger nommé télépahie. » Cf. Sigmund Freud, « Psychanalyse et télépathie » (1921), in *Œuvres complètes,* t. XVI, Paris, PUF, 1991 ; et Jacques Derrida, *Psyché. Inventions de l'autre,* Paris, Galilée, 1987.

savoirs issus de la science, de la philosophie et de la religion afin d'inventer une nouvelle manière de vivre et de « développer le potentiel humain [1] ». De nombreux penseurs s'y retrouvèrent à l'occasion de conférences où étaient abordés, face à l'un des plus beaux paysages du monde, tous les thèmes susceptibles d'offrir une issue au grand malaise de la civilisation si bien décrit par Freud trente ans auparavant. Bientôt, on enseigna à Esalen de nouvelles techniques de méditation, de nouvelles recherches sur la philosophie orientale... et de nouveaux moyens d'accéder au *New Age*. On dira plus tard qu'à Esalen « les psychotiques soignaient les *autres* ».

Une certaine idée du bonheur, inconnue en Europe à la même époque, mais inventée au début du siècle au cœur même d'une Europe dévastée ensuite par deux guerres, fut ainsi mise en œuvre dans ce fantastique laboratoire de la liberté qui prolongeait sur le mode libertaire les anciennes expériences mystiques. Accéder à la connaissance de l'au-delà, c'est-à-dire à un au-delà de la conscience, voire à un au-delà de l'inconscient freudien, telle était l'extravagante utopie des créateurs du centre d'Esalen. Et pour la réaliser, ils s'appuyaient sur l'héritage que leur avaient légué les surréalistes – et plus encore sur la trajectoire mythique suivie par Antonin Artaud quand

1. De là découlera la technique dite du « développement personnel ». Cf. W.T. Anderson, *The Upstart Spring : Esalen and the American Awakening*, Reading, Mass., Aldison Wesley, 1983 ; et Susan Baur, *Relations intimes, op. cit.* Ce courant de la psychothérapie est souvent appelé « humaniste » dans les classifications actuelles.

il avait franchi l'Atlantique afin de s'initier au culte du peyotl[1] chez les Indiens du Mexique. L'accès à la vraie liberté, c'est-à-dire la confrontation avec l'inconnu, la folie ou le « Je est un autre » d'Arthur Rimbaud, passait par la consommation de drogues (le fameux LSD[2]) et par une expérience de la sexualité charnelle, collective et transgressive fondée sur la jouissance extrême des corps, et qui allait à l'encontre de la perspective freudienne tout en prétendant la déborder, la rénover, la subvertir.

Pendant quelques années, l'Institut d'Esalen reçut la visite d'un nombre considérable d'écrivains, de chercheurs, de dissidents du freudisme ou de contestataires de la psychiatrie et de l'ordre familial bourgeois, tous fascinés par cette quête *psychédélique* du *New Age* : Anaïs Nin, Carl Rogers, Abraham Maslow, Allan Watts, Erich Fromm, William Shutz, Ida Rolf, Ronald Laing, Frederick Perls, Aldous Huxley, Carlos Castenada, Timothy Leary[3].

Du « meilleur des mondes » rêvé par Huxley, qui avait prophétisé en 1932 la venue d'une humanité en

1. Champignon hallucinogène.

2. LSD : Acide lysergique diéthylamide, substance dérivée de l'ergot de seigle découverte en 1943 par un médecin suisse, Albert Hoffmann, et importée aux États-Unis par la CIA qui espérait s'en servir, comme test de vérité, à l'occasion de ses interrogatoires…

3. Timothy Leary (1920-1996) : professeur américain d'origine irlandaise, converti à l'hindouisme et grand ami d'Aldous Huxley. Plusieurs fois emprisonné pour usage de stupéfiants, il finit par créer une « ligue » : l'Église LSD. À la fin de sa vie, il portait deux bracelets mentionnant l'adresse de deux sociétés appelées à intervenir à sa mort pour la conservation de son cerveau. Il changea ensuite d'avis, réclamant que ses cendres fussent envoyées dans l'espace…

proie au délire du scientisme, naquirent toutes les écoles de psychothérapie contemporaine. Toutes étaient en rupture avec une vision étroite et réductrice de la science qui prétendait, déjà, régenter l'ensemble des comportements subjectifs. Nombre d'entre elles dérivaient du modèle de la gestalt-thérapie fondée par Fritz Perls, de la psychologie de l'être ou de l'existence, ou encore d'une approche dite « non directive » ou de la bioénergie inventée par Alexander Lowen, disciple de Wilhelm Reich.

Né en 1893 dans une famille juive berlinoise, Perls fut analysé par deux des grandes figures dissidentes du mouvement freudien : Karen Horney et Wilhelm Reich. Obligé de fuir l'Allemagne en 1933, il séjourna en Afrique du Sud où il commença par mener des cures classiques tout en restant profondément marqué par l'enseignement reichien. Comme de nombreux freudiens de cette génération, il aspirait à s'émanciper de cette psychanalyse figée dans des règles trop rigides. Il rêvait d'une nouvelle pratique de la cure qui ne se limiterait pas à la parole, à l'exploration de l'inconscient ou à l'analyse du transfert, mais qui inclurait dans son protocole la question du corps sexué : passage à l'acte, transgression, expériences diverses destinées à contrecarrer les forces du refoulement pour faire surgir du sujet la pulsion à l'état brut.

S'inspirant du grand neurologue Kurt Goldstein, dont il avait été l'assistant à Francfort, il inventa la gestalt-thérapie, cette forme de psychothérapie individuelle ou collective, ou encore existentielle, au cours de laquelle le patient est invité à vivre ses conflits à travers une expression à la fois corporelle et verbale afin de retrouver l'unité de sa personnalité.

C'est d'abord à New York en 1946, puis à l'Institut d'Esalen, que Perls développa ses thèses gestaltistes en animant des groupes liés à la contre-culture américaine. Il eut de nombreuses relations sexuelles avec ses patientes qui étaient elles-mêmes, la plupart du temps, de futures thérapeutes[1]. Après un long séjour au Japon, il associera la gestalt-thérapie au bouddhisme zen et deviendra un gourou prônant tout à la fois le naturisme et l'ouverture à toutes les formes de thérapies corporelles, celles-là mêmes qui se développeront après sa mort, d'abord en Californie puis dans de très nombreux pays.

Il existe aujourd'hui – notamment en Europe, aux États-Unis et en Amérique latine – plus d'une centaine d'instituts de formation à la gestalt-thérapie. Ses promoteurs ont depuis longtemps renoncé aux pratiques transgressives du maître fondateur et ont mis en œuvre de sévères codes de déontologie qui interdisent ce genre de dérives. Comme les psychanalystes, ils pourchassent leurs charlatans. Et rien n'autorise à dire qu'ils forment une secte ou qu'ils sont sous l'emprise d'une organisation sectaire, quand bien même les sectes recourent à certaines de leurs méthodes.

L'aventure du *New Age* s'est achevée par un cauchemar. Pouvait-il en être autrement ? Certainement pas. On sait bien en effet – et Freud ne fut

1. Cf. Susan Baur, *Relations intimes, op. cit.*, p. 98-103.

pas le premier à le dire – que toute doctrine qui promet à l'homme une liberté fondée sur la réalisation illimitée de ses pulsions sexuelles est vouée à l'enfermement sectaire et à la mort, et ne conduit finalement qu'à un accroissement de sa servitude.

En 1980, quand une journaliste américaine annonça la venue d'une « conspiration du Verseau » en reprenant pour les transformer tous les thèmes du *New Age* mis en œuvre à Esalen, elle remit à l'ordre du jour une version astrologique de l'ancienne théosophie : « L'humanité, disait-elle en substance, allait entrer dans un millenium d'amour et de lumière lié au passage astrologique de l'ère des Poissons à l'ère du Verseau, signe annonciateur d'un Nouvel Age et de ses lendemains qui chantent[1]. » La prophétie fut l'occasion, pour les différentes sectes qui s'en réclamèrent, d'accentuer leurs campagnes de dénigrement de la médecine scientifique et de faire prospérer une multitude de médecines occultes, délirantes ou mortifères : l'instinctothérapie, censée guérir les cancers par l'ingestion de viande crue, l'urinothérapie, consistant à faire boire son urine à un patient pour le régénérer. Toutes les médecines parallèles et toutes les autres thérapies du corps et de l'âme mirent à profit cette nouvelle « arrivée » du Verseau pour se « moderniser ». Quant aux sectes, elles fleurirent elles aussi sur le terreau d'un *New Age*

1. Cité par Renaud Marhic et Emmanuel Besnier, *Le New Age, op. cit.* Cf. également Laura Winkler (astrologue et thérapeute du « developpement personnel »), *L'Ère du Verseau : défis pour les temps à venir,* Paris, Éditions des Trois Monts, 1999.

qui n'avait plus grand-chose à voir avec les belles expériences libertaires de Big Sur[1].

On l'aura compris, s'il est possible d'inventorier les grandes sectes organisées à l'échelle planétaire afin de les combattre par des moyens légaux[2], il est en revanche beaucoup plus difficile de dénombrer les multiples groupes à tendances sectaires ou non sectaires qui sont parfaitement insérés dans les réseaux associatifs des sociétés occidentales, et qui ont recours à toutes sortes de « médecines » de l'âme et du corps, parmi lesquelles les médecines parallèles, les psychothérapies classiques, les thérapies magiques ou mystiques, les cures psychanalytiques incontrôlées.

Fortement désirées aujourd'hui[3], ces « médecines » traversées par le *New Age* sont également valorisées par certaines émissions de télévision qui mettent en scène

1. Cf. Michel Lacroix, *Le Spiritualisme totalitaire : le New Age et les sectes,* Paris, Plon, 1995.

2. Le travail de lutte contre les sectes a été mené de façon très efficace en France, entre 1998 et 2004, par la Mission interministérielle de lutte contre les sectes dirigée par Alain Vivien. Contrairement à des pays comme le Canada ou les États-Unis, la France a refusé, à juste titre, de considérer les grandes sectes – et notamment la scientologie – comme de véritables religions. En conséquence, le phénomène sectaire français est en nette régression depuis 1999 alors qu'il se déploie partout ailleurs. Mais du coup, les psychothérapies, et surtout les nouvelles thérapies, en pleine expansion, sont volontiers désignées comme autant de techniques d'emprise sectaire.

3. Trente millions de Français ont recours à ces différentes « médecines » (et notamment à l'homéopathie), qu'ils regardent comme « complémentaires » de la médecine scientifique, considérée par eux comme « déshumanisée ».

en direct la souffrance psychique contemporaine[1], ou encore par des magazines spécialisés[2] qui les recommandent à leurs lecteurs après les avoir mises au « banc d'essai »[3] en les confrontant à d'autres médecines considérées comme plus « scientifiques » : la psychiatrie, par exemple, ou la psychanalyse.

Plus ces « médecines » sont désirées et valorisées, plus elles sont condamnées à être évaluées, mesurées, expertisées – voire rejetées – par ceux-là mêmes qui les utilisent ou les diffusent, et qui redoutent toujours de voir surgir en elles la sombre figure du charlatan. Car, dans les sociétés démocratiques modernes, les sujets, livrés à eux-mêmes, sont profondément animés d'une demande contradictoire : ils veulent pouvoir choisir librement qui les soigne (principe de liberté) tout en exigeant que l'État les protège des charlatans (principe de sécurité).

Mais de quel charlatan a-t-on peur, s'agissant de ces « médecines » qui, par définition, échappent à toute forme d'objectivation rationnelle ou s'évanouissent après quelques années pour renaître sous un autre

1. Télé-réalité ou émissions réunissant des personnes en détresse et des « experts » (psychiatres, psychanalystes, psychothérapeutes) sous la houlette d'un présentateur bon enfant. Sur les modalités de recrutement des « témoins » exhibés lors de ces émissions, cf. Macha Séry, « Des témoins à la chaîne », *Le Monde-Télévison,* 8-14 mars, 2004.

2. Après avoir été dirigée, jusqu'en 1996, par une adepte de la secte IVI, la revue *Psychologies,* reprise en main par Jean-Louis Servan-Schreiber, est aujourd'hui le principal vecteur en France de toutes les nouvelles thérapies. Cf. Dominique Mehl, *La Bonne Parole,* Paris, La Martinière, 2003.

3. Cf. notamment *L'Express* et *Le Nouvel Observateur.*

nom ? Comment, décidément, définir le charlatan quand on sait que les adeptes des thérapies comportementales regardent ainsi le psychanalyste parce que la cure qu'il pratique n'est pas « scientifiquement » validée, et que ce dernier use du même terme pour désigner tantôt le psychothérapeute et tantôt ses propres adversaires freudiens ou lacaniens ? Et finalement, le charlatan n'est-il pas celui qui consomme ces « médecines » comme des drogues et qui en favorise la promotion, au risque d'abuser le public ? Le charlatan n'est-il pas celui qui désigne son semblable comme un charlatan sans savoir de quoi il parle ?

La question se pose néanmoins de savoir *qui* sera habilité à contrôler l'incontrôlable et quelle procédure devra être mise en œuvre pour y parvenir.

IV

Mirages de l'expertise

Depuis qu'elle s'est séparée de la psychanalyse sous l'influence d'une conception comportementale de la condition humaine, et depuis que la dernière version du *Manuel diagnostique et statistique des troubles mentaux (DSM)* est devenue sa seule référence dite « scientifique » pour le classement des maladies mentales et des troubles psychiques, la psychiatrie a renoncé à toute forme de mission salvatrice pour se mettre au service des laboratoires pharmaceutiques et de la dictature de l'expertise.

En conséquence, toutes les politiques de santé mentale des États démocratiques – et celle de la France en particulier – sont soumises à un impératif à la fois biologique et sécuritaire. Elles ont pour objet de traquer l'anomalie psychique comme on dépiste une maladie organique et, par exemple, de traiter l'enfant rebelle à la scolarité comme un malade

« hyperactif » auquel on donnerait de la ritaline [1] pour ne rien savoir des causes réelles, économiques, psychiques, ou sociales, de son malaise [2].

Au nom de ce scientisme policier, ces politiques cherchent à évaluer le trouble mental à l'école et la souffrance psychique dans la société à coups d'expertises et de traitements, la plupart du temps inefficaces, de la même manière que l'on prévient les maladies cardio-vasculaires par des régimes alimentaires et des médications adéquates. Non seulement les enfants n'auront plus le droit, demain, d'être insupportables, rebelles ou contestataires, mais pour remédier à leur insolence à l'encontre des maîtres – dont on devrait savoir, tout de même, qu'elle n'a pas pour origine les neurones – on les contraindra bientôt, comme d'ailleurs les enseignants, à remplir un questionnaire sur le comportement mental de leurs parents : sont-ils alcooliques, fous, suicidaires ou simplement perturbés ? Sont-ils en bonne santé psychique ? Se disputent-ils ? Prennent-ils des psychotropes ? Y a-t-il dans la famille des « antécédents », etc. ?

---

1. Médicament psychotrope dérivé des amphétamines et largement distribué, aux États-Unis notamment, aux enfants qui présentent des signes d'instabilité scolaire.

2. En témoigne, si nécessaire, le programme de « dépistage de la souffrance psychique » élaboré par le ministère de la Santé et paru au *Bulletin officiel* du 11 décembre 2003 sous le titre « La santé des élèves : programme quinquennal de prévention et d'éducation ». Chercher à dépister ainsi la souffrance psychique, comme s'il s'agissait d'une maladie, cela équivaut à considérer chaque sujet comme un malade, ou encore à regarder comme un « criminel » un sujet dont le comportement serait jugé, par avance, susceptible de le conduire à commettre un acte criminel.

Or, quand on se livre à ce genre de « dépistage », on oublie que dans le domaine du psychisme l'impératif de la norme et de la pathologie n'est pas de même nature que celui qui régit le corps organique. Et même s'il s'avérait un jour qu'il fût semblable, on oublie qu'apprendre à guérir, c'est apprendre, comme le disait Georges Canguilhem, à « connaître la contradiction entre l'espoir d'un jour et l'échec de la fin, sans perdre l'espoir [1] ».

Inscrite dans le mouvement d'une mondialisation économique qui transforme les hommes en objets de marchandise, notre société, que j'ai qualifiée de « dépressive [2] », risque fort d'obéir à ces injonctions de surveillance et de sécurisation collective. Car tout se passe comme si elle ne s'intéressait à l'individu que pour comptabiliser ses réussites, et au sujet souffrant que pour le regarder comme la victime d'un charlatanisme dont elle suscite elle-même le déploiement à force de ne plus croire ni aux vertus de la liberté ni au progrès de la médecine scientifique. Aussi cherche-t-elle avec toujours plus d'obstination à chiffrer le déficit en fonction d'une norme, et à prendre la mesure du handicap ou du traumatisme afin d'éviter de s'interroger sur leur origine.

Et c'est ainsi que nous assistons, dans nos États démocratiques, à une sorte d'involution du rationalisme des Lumières conduisant les sujets eux-

1. Georges Canguilhem, *Le Normal et le pathologique* (1943), Paris, PUF, 1966.

2. Élisabeth Roudinesco, *Pourquoi la psychanalyse ?*, Paris, Fayard, 1999.

mêmes à désirer leur propre servitude. En conséquence de quoi la psychanalyse est violemment prise à partie par les neurosciences et le comportementalisme, qui sont les deux piliers de ce sombre hygiénisme des âmes par lequel un individu risque toujours d'abdiquer sa liberté pour se mouler dans un modèle de soumission collective. La psychanalyse est attaquée partout dans le monde – et par les psychanalystes eux-mêmes, parfois complices d'une résistance inconsciente à leur propre discipline[1] – parce qu'elle représente l'une des formes les plus modernes de résistance, non seulement aux savoirs occultes, mais à la pratique de l'expertise, du contrôle et de l'évaluation mise en œuvre par le savoir dominant.

Prédire, évaluer, calculer, expertiser, valider, compter, mesurer : que veulent dire tous ces mots s'agissant de la souffrance psychique et des thérapies censées la guérir, ou encore de la clinique susceptible d'en assurer la description ?

Pour bien comprendre comment on est passé, en une trentaine d'années, d'une approche structurale du sujet tenant compte de ses affects, de son vécu existentiel, du décryptage de sa vie inconsciente ou de son environnement, à un quadrillage « athéorique » de ses comportements, il faut d'abord savoir que les procédures d'évaluation du psychisme sont nées, après 1970, d'une volonté des responsables des politiques de santé publique de réduire de façon drastique le

1. Comme en témoigne la fameuse remise des annuaires le 12 décembre 2003.

coût des prises en charge de toutes les formes de pathologie : en médecine, en psychiatrie, en psychologie, en psychothérapie. D'où la formule célèbre et effarante lancée, outre-Atlantique, par les fanatiques de l'évaluation : « La médecine de qualité est la médecine qui coûte le moins cher possible [1]. »

Certes, avec l'accroissement de la durée de la vie en Occident, et avec l'amplification du grand malaise dans la civilisation, l'évaluation du « bon usage des soins » est une nécessité absolue. Mais comment se fait-il que plus on cherche à réduire les coûts plus se développent, à l'échelle planétaire, les thérapies magiques, les médecines parallèles, les autothérapies délirantes, les gélules miracles, en bref, ce formidable marché de l'illusion thérapeutique dont le moins qu'on puisse dire est que s'il répond à une économie de la jouissance, de la dépense, de la pulsion et du débordement, il bafoue du même coup toutes les règles de la rationalité soignante ? Comment ne pas voir que cette médecine, malgré ses performances scientifiques et sa puissance curative indiscutable, n'apporte pas au sujet de réponse à ses angoisses ? Et que plus elle traite la maladie en réduisant les coûts par des évaluations excessives, plus elle favorise la misère psychique – et l'inégalité des conditions ?

1. Alexandra Giraud, « Origines et définitions de l'évaluation en médecine », in Viviane Kovess (éd.), *Évaluation de la qualité en psychiatrie,* Paris, Economica, 1994. Cette thèse a été violemment critiquée par Hillary Rodham Clinton, *Mon histoire,* Paris, Fayard, 2003.

Depuis 1991, l'évaluation est devenue obligatoire en France dans toutes les disciplines médicales[1] : on évalue ainsi le coût d'une pathologie, le coût de la qualité des soins, le coût de leur efficacité, le coût du temps passé avec un malade, on établit des protocoles de traitements parfaitement codifiés et l'on mesure, par exemple, le nombre des années de vie gagnées en admettant, par convention, qu'« une année de vie gagnée mais grevée de souffrances et d'inconfort sera égale à une demi-année de vie en bonne santé[2] ». Malgré des raisonnements déroutants, comme celui qui consiste à dispenser de tout travail au contact de l'amiante un sujet génétiquement prédisposé à un cancer pour le remplacer par un sujet réputé « sain », l'évaluation a certes eu des effets bénéfiques dans la mesure où elle a permis, par exemple, de mieux soigner les patients, de rationaliser les dépenses de santé et de recomposer la géographie de l'institution hospitalière au sein d'un système de soins reconnu comme le meilleur du monde du point de vue de l'égalité de chaque citoyen face aux grandes maladies. Elle a notamment conduit à dérembourser un grand nombre de médicaments en fonction de l'insuffisance de leur « service rendu », et notamment les fameuses

1. C'est dans cette optique de l'évaluation généralisée que Bernard Kouchner, alors ministre de la Santé, a créé, le 14 octobre 1997, l'Association nationale d'accréditation et d'évaluation en santé (ANAES) avec la ferme intention d'inclure dans ce système l'expertise des psychothérapies.

2. Alexendra Giraud, « Origines et définitions de l'évaluation en médecine », *op. cit.*, p. 33.

substances à haute dilution produites par les laboratoires homéopathiques[1].

Mais il n'en est pas moins vrai que les procédures d'évaluation, si elles ne sont pas elles-mêmes soumises à un rigoureux contrôle, peuvent devenir dangereuses, perverses, voire totalitaires, dès lors qu'elles privilégient l'arbitraire légal d'une prétendue démarche « objective » ou « scientifique » au détriment de la délibération critique. Comment peut-on, par exemple, considérer qu'une année de vie gagnée au prix d'un inconfort radical puisse « valoir » une demi-année de vie en bonne santé sans tenir compte de l'avis du patient, de son désir profond, de sa résistance à la souffrance, etc. ? La question se pose fondamentalement de savoir de quelle instance légale relève celui qui prétend évaluer les autres. Qui est en mesure d'évaluer l'évaluateur ? Comment contrôler les dérives liées aux mirages de cette idéologie de l'expertise généralisée qui a saisi les sociétés démocratiques et qui prétend, au nom de la sécurité des populations, contrôler l'incontrôlable ?

Dans le domaine de la psychiatrie et de la psychologie, l'idéologie de l'évaluation a conduit à un véritable désastre, aussi bien sur le plan clinique que du point de vue de l'enseignement des disciplines elles-mêmes. Pour réduire les coûts et mieux cerner les « profils » pathologiques des patients, les évaluateurs ont appliqué aux malades mentaux des critères identiques à ceux qui permettent de grouper, en un

1. Ce déremboursement n'est pas encore effectif en France, et suscite de nombreuses polémiques.

même secteur hospitalier, des spécialités médicales. En conséquence, les patients ne sont plus traités au cas par cas, et selon la singularité de leur histoire, mais en tant qu'ils appartiennent à des « groupes homogènes de malades » (GMS) définis en fonction de critères comportementalistes et psychopharmacologiques : à chaque comportement correspond un médicament, à chaque pathologie un certain nombre d'actes, à chaque hôpital un type de pathologie. Les malades sont répertoriés au moyen de « fiches » visant à recueillir toutes leurs activités ainsi qu'à définir le nombre d'actes – ambulatoires, hospitaliers ou extra-hospitaliers – effectués par le psychiatre, lequel tient compte aussi, dans son autoévaluation, du temps passé à la présentation téléphonique d'un cas. La fiche sert ensuite de base au rapport d'activité annuel envoyé à la Direction générale de la santé (DGS), laquelle peut s'en servir à des fins statistiques.

Contraints à un travail administratif toujours plus lourd, à multiplier les calculs et les évaluations, à procéder aux fameuses expertises destinées à classer les patients en vertu d'un système de surveillance aussi jargonneux qu'incohérent, les psychiatres sont devenus en quelques années les gestionnaires d'une entreprise défaillante – et non pas les cliniciens modernes d'une approche dynamique de la folie, comme d'aucuns voudraient nous le faire croire. Aussi ont-ils transféré leurs compétences à des infirmiers ou à des psychologues qui s'occupent du psychisme du patient. Dans un rapport diligenté par Jean-François Mattei – grand « protecteur de la psychanalyse » –, et réclamant une plus forte médicalisation en France du fait psychique[1], plusieurs psychiatres évaluateurs ont annoncé la disparition, en 2020, de la discipline psychiatrique : « Les psychiatres sont parmi les médecins ceux dont la moyenne d'âge est la plus élevée [...]. En 2012, une diminution de 12 % du nombre de psychiatres est quasi inéluctable compte tenu des choix déjà opérés et d'un délai minimum de onze ans avant qu'ils ne se matérialisent. En conservant un nombre de 176 diplômes d'études spécialisées (DES) en psychiatrie, la diminution du nombre de psychiatres serait d'environ 40 % (– 5 398) à l'horizon 2020, où il ne resterait plus que 7 856 psychiatres. Cette diminution importante du nombre des spécialistes compromet la réalisation des missions que nous préconisons pour la psychiatrie[2]. »

C'est ce rapport qui a servi de point d'appui à l'élaboration des amendements de Bernard Accoyer, et surtout de Jean-François Mattei, dont il a été

1. Lettre de Jean-François Mattei du 10 février 2003 adressée à Philippe Cléry-Mélin.

2. Philippe Cléry-Mélin, Jean-Charles Pascal et Viviane Kovess-Mafety, *Plan d'actions psychiatrie et santé mentale* du 15 septembre 2003. Il y a en France 196 000 médecins ; 94 859 sont des généralistes et 101 141 sont répartis en une quarantaine de spécialités, parmi lesquelles la psychiatrie qui compte 13 600 praticiens répertoriés dans l'*Annuaire des psychiatres français* de l'année 2003-2004. Parmi eux, 50 % ont reçu une formation psychanalytique (notamment les praticiens libéraux). Parmi les 5 000 psychanalystes français figurant dans les annuaires de leurs sociétés, 2 000 sont psychiatres. À noter que parmi les généralistes on trouve bien sûr des homéopathes et des psychothérapeutes. Cf. Robert Levet, « Que penser du rapport Cléry-Mélin ? », *Cultures en mouvement*, 65, mars 2004. Cf. également Cécile Prieur, « Un rapport préconise 140 pistes de réforme pour sortir la psychiatrie de la crise », *Le Monde*, 7 octobre 2003.

question [1]. Pour remédier au déclin inéluctable d'une psychiatrie désertée par les étudiants les plus brillants, lesquels s'orientent désormais vers d'autres spécialités, les auteurs du rapport proposent la création d'un statut de psychiatre coordinateur, lequel aurait pour mission d'évaluer, de surveiller, d'expertiser tous les thérapeutes de la psyché non diplômés en psychologie ou en psychiatrie, afin de les empêcher de « nuire » aux patients.

Aussi préconisent-ils de ne considérer comme « scientifiques » – et donc, à terme, de ne laisser à la charge de l'assurance-maladie – que les psychothérapies dûment expertisées et pratiquées d'abord par des psychiatres, ou à défaut par des psychologues. Et c'est donc au nom de cette idéologie de l'expertise que les psychothérapeutes non diplômés ont été condamnés par un ministre bienveillant – qui ne connaît pas leur nombre – à s'inscrire sur des listes afin d'être évalués par des jurys composés de psychiatres et de psychologues inaptes à les juger et qui ne savent absolument pas à qui ils ont affaire. Ainsi pense-t-on protéger les « usagers » d'une emprise des sectes au moment même où, comme je l'ai déjà souligné, le phénomène sectaire est en régression en France.

Face aux psychothérapies et aux nouvelles thérapies dont j'ai tenté de décrire le déploiement, les thérapies cognitivo-comportementales (TCC) [2], complètement

1. Au chapitre premier.

2. En France, deux sociétés de thérapies comportementales regroupent en tout 567 praticiens, presque tous psychiatres.

ignorées des patients, sont pourtant les seules à être regardées comme « scientifiques » par les psychiatres hostiles à la psychanalyse, par les psychologues cognitivistes, globalistes ou expérimentalistes, diplômés d'État, et enfin – plus grave encore – par le très sérieux Institut national de la santé et de la recherche médicale (Inserm). Issues du béhaviorisme et des théories du comportement et de la cognition, ces thérapies consistent en un mélange de méthode Coué[1], de dressage des corps, de techniques de persuasion et de conditionnement des consciences.

Loin de vouloir émanciper le sujet, elles proposent en effet un protocole thérapeutique chiffré, sorte de contrat, de projet de vie ou de rééducation de la pensée, au terme duquel, en un nombre de séances bien défini, le patient, clairement informé par son thérapeute, est censé apprendre, s'il est phobique, à guérir de sa phobie en regardant des films d'épouvante, s'il est anorexique, à manger peu et en petites quantités, s'il est anxieux, à maîtriser son angoisse en devenant raisonnable, et s'il est schizophrène, à n'être plus fou et à raisonner correctement. Livré à de telles procédures dites « modèles de base », il devra traverser plusieurs étapes avant d'accéder à la « guérison » définitive : *shaping, modeling, fading,* extinction, autodésensibilisation, programme de *token-economy,* apprentissage par fuite, évitement et punition, etc. Osons le dire : ces « thérapies » ont plus

1. Émile Coué (1857-1926) : pharmacien français, inventeur de la méthode dite d'autosuggestion qui consiste à se maîtriser soi-même.

à voir avec les techniques de la domination mises en œuvre par les dictatures ou les sectes qu'avec des thérapies dignes de ce nom. Aussi peut-on se féliciter qu'elles soient boudées par le public.

Et pourtant, comme le montre une « expertise collective » rendue publique le 26 février 2004, et diligentée d'abord par Bernard Kouchner puis par William Dab[1], directeur général de la santé, plusieurs chercheurs de l'Inserm n'hésitent pas à souligner qu'ils ont pu apporter la preuve de la supériorité de ces thérapies sur les autres, et surtout sur toutes les approches psychodynamiques, parmi lesquelles la pire de toutes : la psychanalyse. Quand on sait que ces « experts » de l'Inserm sont eux-mêmes des adeptes de ces thérapies cognitivo-comportementales, des pourfendeurs de la psychanalyse et de l'approche psychodynamique ou des fanatiques de l'expertise généralisée en matière de santé publique, on se demande en quoi consistent leurs compétences d'évaluateurs. Peuvent-ils juger en toute objectivité les méthodes qui sont les leurs et d'autres méthodes dont, par ailleurs, ils sont les farouches adversaires[2] ? Qu'aurait-on dit si l'État avait confié aux

1. Nommé directeur général de la santé en août 2003 sur proposition de Jean-François Mattei, William Dab est un fanatique de l'expertise : « Ce qui n'est pas évalué n'est pas scientifique », a-t-il déclaré au *Figaro* le 27 février 2004.

2. Parmi les seize « experts », on trouve notamment David Servan-Schreiber, Jean Cottraux et Daniel Widlöcher, psychanalyste, membre de l'APF et président de l'IPA, qui a toujours manifesté une extrême sympathie envers ces méthodes, au point d'être nommé membre honoraire de l'Association française de thérapie comportementale et cognitive. On lira aussi avec intérêt l'excellente déclaration de Roland

membres les plus orthodoxes des sociétés psychanalytiques le soin d'expertiser les cures dispensées par les membres de leurs propres écoles ?

Conscients du fait qu'il est impossible de tester l'efficacité d'une thérapie de la même manière que l'on évalue, dans un médicament, la présence ou l'absence d'une substance active, les experts soulignent qu'ils n'ont pas eu recours à la comparaison entre une thérapie dite « active » et une thérapie « placebo ». Aussi affirment-ils avoir mesuré l'efficacité des TCC par des « méta-analyses [1] » qui passent en revue un total de près de « sept cents études effectuées depuis soixante ans ». Mais quand on sait que les « analyses » qui composent ces « méta-analyses » utilisent la technique du contre-placebo en simple ou en double aveugle, on mesure à quel point les experts de l'Inserm se condamnent à ne rien expertiser du tout.

En effet, toutes les expertises qui prétendent comparer une thérapie dite « efficace » à une thérapie dite

---

Gori, psychanalyste, professeur de psychopathologie à l'université d'Aix-Marseille, fondateur en 1984 de la revue *Cliniques méditerranéennes*, et président du Séminaire interuniversitaire européen de recherches en psychopathologie et psychanalyse (SIUERPP), créé par Pierre Fédida en 2000, lequel regroupe 130 enseignants psychanalystes appartenant à toutes les obédiences du freudisme français : « J'éprouve du dégoût. Ce rapport se présente comme scientifique mais ne l'est pas [...]. Ce n'est qu'un discours pseudo-scientifique qui légitime le discours à la mode hygiéniste et sécuritaire. » (*Le Monde*, 26 février 2004.)

1. Les méta-analyses consistent à « prendre pour hypothèse que l'ensemble des études est un échantillon de toutes les études possibles sur le thème donné ». Ces méta-analyses sont tirées de travaux américains et canadiens déjà connus.

« placebo » mettent en œuvre des protocoles dont le moins qu'on puisse dire est qu'ils sont parfaitement ridicules. Ainsi prétend-on « expertiser » la différence entre un groupe de patients soumis à de « vraies » thérapies et un autre groupe contraint par exemple à des situations de type placebo des plus extravagantes : contact minimal avec un thérapeute pendant des semaines, liste d'attente avec contact téléphonique pendant des mois, comparaison d'une thérapie déjà validée par cette « méthode » avec une autre non validée, etc.

À une époque où les meilleurs chercheurs s'interrogent sur la manière de ne pas faire souffrir les animaux soumis à de nécessaires expériences médicales, on se demande par quelle aberration des adeptes du comportementalisme ont pu ainsi « expertiser » des hommes et des femmes en les traitant comme on traitait autrefois des rats de laboratoire. Une fois de plus, c'est de la science occidentale la plus sophistiquée que sont venues les plus fortes invasions barbares qui nous ravagent. En France, elles sont financées par l'État et elles prétendent aujourd'hui, avec la complicité tacite de trois mille cinq cents psychanalystes, chasser les sept mille cinq cents psychothérapeutes installés dans la cité pour les remplacer par des adeptes du conditionnement autoévalué. La cruauté humaine, décidément, est sans limites[1].

---

1. Après la publication de ce rapport, l'un des experts, le psychiatre Jean-Michel Thurin, a désavoué sur le Net (28 février 2004) le travail auquel il avait pourtant participé : « La direction de l'expertise s'est rapprochée progressivement d'une orientation *Evidence Based Medecine* poussée à l'extrême. Or, cette dernière n'est pas adaptée à l'objet étudié

Jaloux des autres écoles de psychothérapie, qu'ils jugent « irrationnelles » et « non scientifiques », et se sentant infériorisés par une absence totale de reconnaissance publique, les adeptes des TCC prétendent être les seuls détenteurs au monde d'une méthode infaillible, testée, évaluée, mesurée, efficace. Aussi se considèrent-ils, du fond de leur anonymat maudit, comme les victimes d'un formidable complot « médiatique » orchestré par des intellectuels [1] qui osent, depuis un siècle, bafouer la véritable science en servant de faire-valoir à la thérapie la plus néfaste, la plus effroyable, la plus scandaleuse jamais imaginée en Occident : la cure freudienne. Car en effet, dans la quasi-totalité des ouvrages vantant les mérites des TCC, la fameuse discipline reine est jugée responsable d'un « grand retard français » en matière de recherche scientifique. Quant à Freud lui-même, il est qualifié à longueur de pages de « mythomane », d'« imposteur » ou de parrain d'une « omerta » visant à dissimuler des crimes et des opérations « frauduleuses » [2].

Mais il y a pis encore. Dans un livre récent, *Mensonges freudiens* [3], primé par la Société française

---

pour de multiples raisons dont la plus évidente est qu'une psychothérapie n'est pas une molécule chimique prescrite à un patient. »

1. Parmi lesquels des philosophes et des écrivains aussi peu « sérieux » que Thomas Mann, Theodor Adorno, Romain Rolland, André Breton, Pierre-Jean Jouve, Jacques Derrida, Christian Jambet, Gilles Deleuze, Michel Foucault, etc.

2. Jean Cottraux, autoexpert des thérapies qu'il pratique, va même jusqu'à désigner le savant viennois sous le sobriquet de « Sigmund *Fraude* ». Cf. *Les Visiteurs du soi, op. cit.* p. 140.

3. Jacques Bénesteau, *Mensonges freudiens. Histoire d'une désinformation séculaire*, Sprimont (Belgique), Mardaga éditeur, 2002, préface de Jacques Corraze.

d'histoire de la médecine, et accueilli avec ferveur par le corps médical, *Le Quotidien du médecin,* les promoteurs des TCC, et préfacé par un psychologue sympathisant du club de l'Horloge[1], la psychanalyse est présentée par l'auteur, Jacques Bénesteau, comme une « invention mensongère », une « escroquerie », une « prodigieuse rhétorique de désinformation ». Quant à ses représentants, de Freud à Lacan en passant par Jones, Jung, Melanie Klein, Anna Freud, Bettelheim, etc., ils sont comparés à une cohorte de gangsters psychopathes désireux de se remplir les poches, incapables de guérir qui que ce soit et protégés par des « réseaux » ou des « sous-marins » leur permettant de s'infiltrer dans les sociétés occidentales pour y diffuser leurs « mythes fondateurs ». Forts de ce raisonnement, l'auteur et son préfacier n'hésitent pas à affirmer qu'il faudrait écrire le « livre noir du freudisme », inventaire hautement nécessaire de ses méfaits, de ses crimes et de ses abus.

Le vocabulaire en usage ici est celui d'une « méthodologie » qui tend à réduire toutes les formes d'engagement à des stratégies policières fomentées par des lobbies, et qui s'apparente à celle, bien connue, de Roger Garaudy, dont le livre, *Les Mythes fondateurs de la politique israélienne*, fut retiré de la vente en France en 1995 en application de la loi Gayssot du 13 janvier 1990[2].

1. Officine de l'extrême droite française.

2. Cf. Jacques Derrida et Élisabeth Roudinesco, *De quoi demain... Dialogue,* Paris, Fayard-Galilée, 2001.

Bénesteau fait donc semblant d'ignorer que la psychanalyse fut partout et toujours interdite d'enseignement et de pratique par tous les pouvoirs dictatoriaux, à commencer par celui qui avait été mis en place par les nazis, lesquels la qualifièrent de « science juive », puis par les staliniens, qui en firent une « science bourgeoise ». Plusieurs représentants de cette discipline diabolique et mensongère furent persécutés, exterminés, torturés en raison de leurs idées [1]. Mais rien de tout cela n'intéresse vraiment ni l'auteur du livre, qui va même jusqu'à affirmer que Freud inventa les persécutions antisémites dont il fut l'objet à Vienne, ni les adeptes des TCC, qui s'en inspirent pour maudire la psychanalyse.

À l'orée du XXIe siècle, dans le pays le plus freudien du monde, la psychanalyse est donc haïe par d'obscurs experts du pouvoir médical, soucieux de bannir de la cité celui qu'ils considèrent comme le plus grand charlatan de l'histoire. Le spectre de Freud – *pharmakos*, empoisonneur, menteur, comploteur – continue de troubler le sommeil des barbares [2].

Et comment, ici, ne pas songer à cette remarque de Thomas Mann écrite en 1938 : « Comme cet homme [Hitler] doit haïr la psychanalyse ! Je soupçonne en secret que la fureur avec laquelle il marcha contre

1. Cf. Élisabeth Roudinesco, « Le club de l'Horloge et la psychanalyse : chronique d'un antisémitisme masqué », *Les Temps modernes*, juin 2004.

2. Quand on sait, par ailleurs, le triste état dans lequel se trouve la recherche scientifique française, on se demande vraiment pourquoi l'Inserm finance de telles sottises. Cf. *Le Monde*, 7-8 mars 2004.

certaine capitale s'adressait au vieil analyste installé là-bas, son ennemi véritable et essentiel, qui démasqua la névrose, le grand désillusionneur, celui qui sait à quoi s'en tenir et en sait long sur le génie[1]. »

Par définition, aucune forme de cure psychique ne saurait être expertisée[2] de la même manière qu'un médicament ou un traitement médical. La cure n'est ni une technique, ni un acte chirurgical, ni un médicament, mais une expérience singulière qui *transforme* un sujet. Ce que montre en revanche l'histoire moderne des maladies de l'âme, c'est que la diversité est nécessaire à une meilleure compréhension de la subjectivité humaine. Ainsi, c'est grâce à l'alliance de la chimiothérapie, du principe de l'accueil collectif et des cures psychodynamiques que le visage de la folie a été transformé dans tous les pays occidentaux. C'est grâce à cette alliance que l'on est passé de l'enfermement asilaire à la réinsertion des malades mentaux dans la société. En revanche, depuis que le *DSM* y a mis fin, on assiste à une régression dans le traitement de la folie. Les prisons sont peuplées de malades mentaux et les

1. Thomas Mann, *Les Exigences du jour,* Paris, Grasset, 1976, p. 284.

2. Dans *Pourquoi la psychanalyse ?*, j'ai examiné en détail les procédures mises en œuvre depuis 1930 pour tester l'efficacité des psychothérapies. Tous les résultats montrent qu'il suffit qu'un patient s'occupe de lui-même en décidant de se rendre chez un thérapeute pour se sentir déjà à moitié « guéri ». C'est ainsi que 80 % des patients interrogés se disent satisfaits de l'expérience d'une cure, de quelque nature qu'elle soit.

internements arbitraires augmentent, s'accompagnant souvent d'abus et de soins au rabais [1].

C'est aussi grâce à la psychanalyse qu'ont pu être démasquées les théories du conditionnement qui ne sont inspirées par rien d'autre que par la négation radicale de toutes les formes de liberté [2]. Et c'est enfin à travers l'incroyable déploiement des thérapies les plus extravagantes – venues d'outre-Atlantique – que l'homme occidental a pu se confronter au grand mirage de l'essence même de son propre narcissisme, fût-il des plus mortifères.

Souvenons-nous de Stanley Milgram, ce professeur de l'université Yale, adepte de l'expérimentation [3]. En 1970, il eut l'idée de recruter par voie de presse des étudiants désireux de gagner de l'argent, et il leur proposa de se livrer à une « petite expérience ». Leur faisant croire qu'il cherchait à mesurer la mémoire et l'apprentissage, il les entraîna, au nom du grand principe de la quête scientifique de la vérité, dans une spirale infernale.

Les recrues furent partagées en deux groupes : moniteurs et élèves. Muni d'une électrode au poignet et attaché par des sangles à une chaise, l'élève devenait le cobaye d'une expérience à laquelle il ne comprenait rien puisqu'elle avait pour objectif de tester la cruauté

1. Au point qu'un député communiste, Georges Hage, a demandé à ce sujet la création d'une enquête parlementaire. Cf. *Le Quotidien du médecin*, 27 février 2004.

2. C'est pour cette raison qu'elles sont utilisées par les sectes.

3. Cf. Stanley Milgram, *Soumission à l'autorité*, Paris, Calmann-Lévy, 1974.

du moniteur. Installé devant une rangée horizontale de trente manettes capables de délivrer des chocs électriques gradués pouvant aller jusqu'à donner la mort, ce dernier devait administrer une punition à l'élève à la moindre erreur commise dans la mémorisation d'un mot.

Incarnant l'autorité scientifique, Milgram, l'expérimentateur, constata qu'au fil de l'« expérience » 60 % des moniteurs étaient susceptibles de délivrer des chocs mortels à leurs victimes. Bien entendu, ils ignoraient que leur victime était un comédien simulant la douleur. De cette « expérience » Milgram a conclu que si de nombreux individus peuvent commettre de tels actes, c'est parce qu'ils s'identifient à l'expérimentateur, lequel incarne un pouvoir symbolique sans limites du fait même de sa position de chef ou de leader.

Pourtant cette « expérience » ne démontre finalement rien d'autre que l'inanité de toute procédure d'expertise sur le comportement humain. Elle apporte en revanche la preuve que la jouissance de l'expérimentateur est sans limites, et que celui-ci n'est pas étranger, en son for intérieur, aux désirs pervers qu'il prétend susciter chez ses recrues. Menteur, abuseur, trompeur, inventeur de trucages, l'expérimentateur ne regarde les sujets que comme des objets fétiches. Quant au moniteur manipulé, rien ne prouve que dans un autre contexte il serait nécessairement un tortionnaire.

Notre monde, peuplé d'évaluateurs incompétents, est néanmoins fasciné par les mirages de l'expertise généralisée. Tout se passe comme si la prolifération des rapports, des compilations et des méta-analyses nous autorisait à nous boucher les oreilles face aux véritables demandes de la société civile. Il y a là un formidable abus de pouvoir.

L'idéologie de l'expertise s'est étendue à tous les domaines des sciences humaines, et notamment à l'université, où elle fait des ravages – s'agissant notamment de la nomination des enseignants en psychologie, et donc de la formation des psychologues, dont les deux tiers sont des cliniciens, et parmi lesquels se recrutent les futurs psychanalystes [1]. C'est ainsi que depuis 1990 la Direction de la recherche du ministère de l'Éducation nationale a mis en œuvre un protocole d'évaluation systématique des équipes d'accueil des écoles doctorales. Dans la République laïque, il ne suffit plus, pour avoir autorité, d'être un professeur diplômé d'État au plus haut grade, et ayant publié des travaux reconnus dans le monde entier, encore faut-il être conforme à des évaluations menées par des « experts » qui, le plus souvent, n'ont ni la même notoriété, ni le même talent, ni la même compétence que ceux qu'ils jugent.

Pour bien faire comprendre le fonctionnement de cette machine à expertiser qui prétend contrôler « scientifiquement » la transmission du savoir, je ferai appel

1. Sur 50 000 psychologues diplômés dans les universités de sciences humaines, 35 000 sont en activité, dont deux tiers de psychologues cliniciens (22 000), parmi lesquels 80 % ont suivi un cursus psychanalytique ou sont devenus psychanalystes, ou encore se sont orientés vers diverses psychothérapies sans être nécessairement inscrits dans des annuaires.

– une fois n'est pas coutume – à ma propre expérience. En 1998, quand on me proposa de devenir membre du comité de rédaction de la revue *L'Évolution psychiatrique*, j'acceptai avec d'autant plus d'enthousiasme que j'y comptais de nombreux amis et que j'avais été la première, il y a vingt ans, à en écrire l'histoire[1]. J'ignorais alors que les membres du comité de rédaction de cette revue avaient adhéré au système en vigueur au sein de la XVIe section de psychologie du Conseil national de l'université (CNU), lequel consiste, pour qualifier des enseignants, à appliquer certaines procédures dites « scientifiques » de l'évaluation.

L'application de ce système conduit à retenir, au titre d'une compétence, non pas des œuvres, non pas des livres, non pas des articles publiés dans d'excellentes revues ou chez des éditeurs respectables, mais des contributions parues dans des revues dites « qualifiantes » – et donc indexées dans des banques de données qui « garantissent » leur validité, du fait de l'adoption d'un principe de « lecture anonyme ».

La « scientificité » de ces textes se mesure au nombre de citations dont ils font l'objet dans d'autres textes sélectionnés selon le même principe. Ainsi détermine-t-on le « facteur d'impact » (*impact factor*) d'un article.

1. Fondée en 1925 par onze psychiatres psychanalystes, dirigée ensuite par Henri Ey, puis par Étienne Trillat et Jacques Postel, *L'Évolution psychiatrique* fut pendant soixante-quinze ans le fleuron de la pensée psychiatro-psychanalytique française avant de devenir, sous la direction d'Yves Thoret, une « revue qualifiante » soumise à l'expertise. Cf. Élisabeth Roudinesco, *Histoire de la psychanalyse en France* (1986), t. II, *op. cit.*

Plus l'auteur est cité par d'autres auteurs, et plus il a de chances, croit-on, de décrocher un prix Nobel. À condition toutefois qu'il obéisse à la règle imposée de ne jamais citer en bibliographie des textes datant de plus de quatre ans. Dans le domaine des sciences humaines, on imagine aisément les ravages que peut causer une telle règle. Un candidat à un poste ou à une publication doit en effet éliminer de sa démonstration toute référence à Platon, Freud, Kant, etc.

Grâce à la lutte menée par Pierre Fédida et Roland Gori au sein du CNU, cette règle de *l'impact factor* n'est pas appliquée dans les autres revues de sciences humaines dites « qualifiantes » pour la nomination des candidats, et pourtant soumises à la procédure d'expertise. Un grand nombre d'entre elles ont pu ainsi éviter de s'engouffrer dans l'engrenage de l'expertise généralisée en maintenant des comités classiques au sein desquels les textes sont sélectionnés sans que soit systématique le recours à l'anonymat et en fonction des qualités réelles des auteurs. Mais pour combien de temps ?

Ce n'est donc pas le cas de *L'Évolution psychiatrique* qui a choisi, du fait de son soutien au *DSM*, de se soumettre entièrement aux critères imposés par les revues médicales dites « scientifiques ».

Ce système de classification des compétences scientifiques fut inventé en 1957 par Eugene Garfield, médecin américain, chercheur à l'université Johns Hopkins, qui s'était donné pour mission d'éliminer toute forme d'affect ou de subjectivité des critères de sélection des chercheurs afin de « fabriquer des prix Nobel ».

Pour parler plus concrètement, un universitaire du niveau de Michel Foucault, dont la contribution aux différentes disciplines de la psychopathologie, de la psychiatrie, de la psychanalyse ou de la psychologie clinique serait reconnue mondialement, traduite en quarante langues et commentée dans toutes les universités de tous les pays du monde, n'aurait aujourd'hui aucune chance d'être qualifié comme professeur de psychologie en France. Son œuvre serait en effet jugée « littéraire » ou « philosophique », et donc rejetée de la spécialité. Pis encore, il serait contraint, s'il s'acharnait à postuler, d'oublier ses œuvres et de publier au moins une douzaine d'articles soumis à expertise dans des revues « qualifiantes ».

J'ai pu faire l'expérience de ce système au sein de *L'Évolution psychiatrique* lors de la première réunion du comité, la seule à laquelle j'acceptai d'assister. Ce jour-là, effrayée par ce que je découvrais, je demandai au rédacteur en chef et aux autres membres – transformés en experts – si l'on oserait par exemple refuser à Claude Lévi-Strauss un article qu'on lui aurait demandé au cas où l'un des experts, ignorant le nom de l'auteur, l'aurait jugé « non scientifique ». Je m'attendais à déclencher l'hilarité générale. Mais dans un grand sourire le rédacteur en chef me répondit par l'affirmative, manifestement séduit par l'idée de pouvoir, ne serait-ce qu'une seule fois dans sa vie, refuser un article commandé à l'un des grands penseurs de ce temps...

Certains collègues éprouvèrent alors de la gêne. D'autres, au contraire, se réjouirent en vantant les mérites de ce merveilleux principe égalitaire qui permettait enfin de dépister les fausses valeurs et de démontrer scientifiquement que des penseurs reconnus n'étaient en réalité que les détenteurs d'un pouvoir éditorial « médiatico-politique » qui les faisait passer pour de véritables savants et réduisait du même coup les « vrais » chercheurs à un anonymat humiliant. J'affirmai alors que, pour ma part, je préférais ne jamais rien publier dans la revue qui m'avait cooptée comme « expert ». À mon grand étonnement, le rédacteur en chef me répondit : « Mais, pour vous, chère amie, on fera une exception. » Une discussion s'engagea alors entre tous les membres du comité, et chacun admit que ces expertises sous anonymat n'étaient que du semblant dans la mesure où les lecteurs désignés comme experts étaient bien souvent eux-mêmes membres du comité de *L'Évolution psychiatrique* et qu'ils expertisaient, *de facto,* des textes écrits tantôt par d'autres membres et tantôt par des proches. Ils avaient donc pris l'habitude d'identifier l'auteur à l'aide de deux critères : le style, véritable stigmate d'une personnalité, et le mode de rédaction des citations en bas de page. (Chaque auteur a en effet la sienne, différente de celle des autres.)

Très intriguée, je demandai alors aux membres du comité de cette prestigieuse revue pourquoi ils avaient adopté une procédure aussi rigide, puisqu'ils ne cessaient de la bafouer. : « Mais finalement, dis-je, qui a le droit de s'autoriser à décider de la validité d'un texte, et quels sont les critères retenus ? Qui est habilité à décider d'une exception et quel est le statut d'un auteur qui bénéficie d'une telle exception ? » Je ne reçus aucune réponse. Pourtant, le rédacteur en chef me déclara être un « intégriste » de ce type de procédure « égalitaire » et « scientifique », cependant que le secrétaire de rédaction, devenu aujourd'hui rédacteur en chef, m'affirma – *confidentiellement* – que tout cela n'était que du semblant, que d'ailleurs tout le monde le savait et que cette procédure était imposée par le CNU. En tant que revue qualifiante en sciences sociales, *L'Évolution psychiatrique* était ainsi tenue de se soumettre à la « scientificité » imposée par les plus hautes instances de l'école républicaine.

À la suite de ces échanges, on me confia le soin d'expertiser un texte, venu par la poste et intitulé « Défaillances de la fonction du père et suppléances d'autofondation dans la psychose : le crime de Louis Althusser ». Il s'agissait d'une sorte de pastiche de l'œuvre de Pierre Legendre écrit en patagon lacanien – bref, d'un morceau d'anthologie digne d'une pièce de Molière revue et corrigée par Sokal et Bricmont. Entre autres sottises, l'auteur expliquait qu'Althusser avait passé sa vie à « masquer son mal-être profond » et que seule la méthode « casuistique permettait d'appréhender » une telle histoire.

En fait, on me faisait expertiser un texte que l'on aurait pu refuser de publier le plus simplement du monde après simple lecture et sans qu'il soit besoin de la moindre expertise. Pourquoi alors m'avoir fait perdre mon temps ? Je ne le compris que plus tard. Dans le système de l'expertise généralisée, les revues qualifiantes doivent apporter la preuve qu'elles refusent chaque année un nombre suffisant de textes pour voir progresser leur fameux *impact factor*.

Je fus bientôt confrontée à mon tour au Big Brother de l'expertise lorsque le directeur du service littéraire de *L'Évolution psychiatrique*, ardent défenseur, lui aussi, de la « scientificité » du travail intellectuel, décida de préparer un numéro spécial de la revue sur Lacan, à l'occasion du centenaire de sa naissance. Il m'adressa une demande d'article au titre de mes compétences universitaires. La lettre stipulait que je devrais me soumettre, pour ledit article que l'on me réclamait dans un délai de trois semaines, à une lecture anonyme à laquelle procéderait un membre au moins du comité dont je faisais moi-même partie. On me proposait en quelque sorte de rédiger un article que l'on déciderait finalement peut-être de ne pas publier, au cas où il ne serait pas reconnu « scientifiquement correct ».

Qui serait habilité, au sein du comité, à expertiser mon article ? Telle était la vraie question... à laquelle personne ne sut répondre. Puisque l'on admettait que chaque membre du comité était capable de reconnaître l'auteur d'un texte à l'aide des deux critères évoqués plus haut, on décida finalement de faire évaluer mon texte à venir par un expert extérieur à la revue : « Mais par qui ? répondis-je. Tous les spécialistes actuels du corpus lacanien se connaissent entre eux et tous ont des interprétations divergentes et hautement polémiques de l'œuvre du maître. Tous reconnaîtraient mon style comme je reconnaîtrais le leur, au cas où je serais chargée, par un mouvement de balancier, de lire à mon tour les textes qu'ils auraient donnés à la revue pour le numéro du centenaire. En conséquence, l'anonymat, principe de base de ces lectures "qualifiantes", serait de nouveau tourné en dérision. » Mes remarques ne servirent à rien, et en juin 2001 je démissionnai du comité sans avoir écrit le moindre article.

Depuis que la manie de l'expertise s'est abattue sur cette prestigieuse revue, on n'y trouve plus que des articles sans style, sans âme – ou tout simplement illisibles. Le contenu s'amenuise à chaque livraison. Et à mesure que les disciplines de la psyché disparaissent dans l'entonnoir unique d'un discours sécurisé, verrouillé, cadenassé, les éditoriaux se transforment en autoglorifications dignes des homélies de l'Académie des sciences de l'ancienne Union soviétique. En témoigne le dernier en date : « Avec un nombre d'abonnés en augmentation et une vente au numéro dopée par la mise en ligne de la revue, *L'Évolution psychiatrique* a considérablement accru sa visibilité et sa diffusion. En témoigne la progression de son *impact factor*, qui vient de gagner plusieurs points, etc. [1]. »

Comment ne pas promettre un avenir radieux à une revue dont les membres se montrent aussi satisfaits de leur nouvelle puissance d'impact ?

Pour bien comprendre les ravages opérés par cette idéologie de l'expertise, il faut relater brièvement ce que furent les différentes étapes de la professionnali-

1. *L'Évolution psychiatrique,* octobre-décembre 2003, vol. LXVIII, n° 4.

sation des psychologues et de l'implantation de l'enseignement de la psychanalyse à l'université par la voie de la psychologie clinique.

Durant l'entre-deux-guerres, la psychologie cessa d'être une simple discipline universitaire, prise en étau entre la philosophie d'une part, dont elle dépendait sur le plan théorique, et la médecine de l'autre, qui lui empruntait certaines techniques. En 1920, elle fut en effet reconnue comme une discipline thérapeutique habilitée à former des cliniciens. Henri Pieron créa alors l'Institut de psychologie, qui comprenait plusieurs sections : psychologie du travail, psychologie et pédagogie de l'enfant, psychologie clinique et pathologique et psychologie expérimentale. Diplômés d'État, les psychologues eurent pour tâche essentielle de servir d'auxiliaires à la profession psychiatrique afin de permettre à l'institution scolaire de séparer les enfants dits « anormaux » et relevant de la médecine (idiots, débiles, handicapés, infirmes moteurs cérébraux, etc.) des enfants dits « arriérés » et susceptibles d'être rééduqués.

En 1947, Daniel Lagache se vit confier par le ministère de l'Éducation nationale l'organisation d'une licence de psychologie à visée professionnelle et entièrement détachée de tout cursus philosophique. D'où la création de nouvelles branches de la psychologie : psychopathologie clinique, psychopathologie générale, psychophysiologie normale ou pathologique, etc.

Soucieux de mettre en œuvre une politique d'unité de la psychologie, Daniel Lagache fut aussi, en tant que psychanalyste membre de la SPP, puis fondateur en 1953 de la Société française de psychanalyse (SFP), le premier à introduire un enseignement universitaire de la psychanalyse dans un cadre qui n'était pas celui de la psychiatrie. Dans ce contexte, la discipline freudienne n'échappait à l'emprise du pouvoir médical que pour tomber sous la domination d'un savoir qui n'était pas le sien et dont l'unité demeurait fictive. Car si elle venait nourrir les principes d'une psychologie clinique centrée sur les conduites et les comportements, et inscrite dans la tradition de Pierre Janet, elle n'en était pas moins prise en étau entre les diverses branches d'une psychologie elle-même partagée entre une orientation expérimentale, une autre plus sociale et une troisième nettement physiologique, neurologique ou biologique [1].

Pendant de longues années, les psychologues ne parvinrent pas à s'assurer un statut légal leur permettant de pratiquer soit la psychanalyse, quand ils étaient dûment formés pour cela, soit des psychothérapies inspirées par la psychologie clinique (réservées aux psychiatres). Et quand ils transgressaient l'interdit, ils étaient poursuivis par le Conseil de l'Ordre pour exercice illégal de la médecine. Aussi

1. Sur l'histoire des relations entre les psychologues et les psychanalystes, cf. Élisabeth Roudinesco, *Histoire de la psychanalyse en France*, t. II, *op. cit.* ; Annick Ohayon, *L'Impossible Rencontre*, Paris, La Découverte, 1999 ; et Marie-Claude Lambotte (éd.), *La Psychologie et ses applications pratiques,* Paris, LGF, « Le livre de poche », 1995. Cf. également *États généraux de la psychologie*, 23 et 24 mars 2001 (dossier de presse).

eurent-ils à affronter, eux aussi, de la part de leurs cousins médecins, l'accusation de charlatanisme qui pèse désormais sur leurs frères et leurs semblables : les psychothérapeutes non diplômés.

Après des années de lutte, les psychologues finirent par obtenir des pouvoirs publics le statut réclamé. À partir de juillet 1985 [1], ils commencèrent, en vertu de diverses législations, à s'intégrer aux autres professions de santé, devenant ainsi majoritaires dans les associations de psychanalyse, au détriment des psychiatres. Groupés en de puissants syndicats, les psychologues ont élaboré, comme les psychothérapeutes, un nombre impressionnant de textes dits « déontologiques » visant à définir leur profession, à circonscrire leurs activités et à exclure de leurs rangs... les « charlatans ».

À mesure que grandissait la revendication professionnelle des psychologues, les psychanalystes développaient leur propre politique d'implantation universitaire. En un premier temps, entre 1947 et 1968, à travers Daniel Lagache, Didier Anzieu ou Juliette Favez-Boutonier, tous trois membres de l'Association psychanalytique de France (APF), ils s'attachèrent à utiliser la filière de la psychologie clinique comme vecteur du développement de leurs

1. La loi du 25 juillet 1985 précise que « l'usage professionnel du titre de psychologue, accompagné ou non d'un qualificatif, est réservé au titulaire d'un diplôme, certificat ou titre sanctionnant une formation universitaire fondamentale de haut niveau en psychologie préparant à la vie professionnelle et figurant sur une liste fixée par décret en Conseil d'État ».

associations dans le champ de l'université. Formés par des psychanalystes diplômés en psychologie, les étudiants étaient alors dirigés vers les écoles psychanalytiques auxquelles appartenaient leurs enseignants. Chaque école possédait ainsi son « bastion » universitaire. Composée pendant longtemps d'une majorité de psychiatres, la SPP s'implanta plutôt dans les facultés de médecine, tandis que l'APF imposait son pouvoir dans les départements de sciences humaines. Les deux groupes, affiliés à l'IPA et hostiles aux lacaniens, transportèrent ainsi leurs querelles au sein des institutions étatiques qui les accueillaient, lesquelles devinrent parfois autant d'annexes des sociétés psychanalytiques[1].

Cependant, après 1968, sous l'influence de Jean Laplanche, puis de Pierre Fédida et enfin de Roland Gori, ce mouvement s'inversa. Les psychanalystes implantés à l'université cherchèrent alors plutôt à échapper à leurs institutions respectives, jugées sclérosées ou dogmatiques. Parfois même ils renoncèrent à leur appartenance associative, préférant la

1. Créé par Serge Leclaire en 1969, repris ensuite en main par Lacan en 1974, puis dirigé par Jacques-Alain Miller, le département de psychanalyse de l'université de Paris-VIII (Saint-Denis) est intégré à celui de philosophie. En conséquence, les cliniciens qui y sont formés, s'ils ne sont pas, par ailleurs, détenteurs de diplômes de psychologie ou de médecine, ne peuvent pas être qualifiés comme des professionnels de la santé. Aussi sont-ils considérés comme des « charlatans » autant par les freudiens hostiles au lacanisme que par les psychologues antifreudiens, adeptes des gris-gris et des amulettes, formés au centre Georges-Devereux dans la même université, ou que par les fanatiques des TCC qui considèrent tous les freudiens comme des imposteurs...

liberté universitaire à l'embrigadement associatif. Ainsi s'instaura une subtile relation, interne à la discipline freudienne, entre deux conceptions de la laïcité : l'une tournée vers l'idée que seules les associations psychanalytiques seraient détentrices d'une transmission *laïque* de la discipline, centrée sur la clinique, l'autre, au contraire, orientée vers l'idée que seule l'université pourrait assurer à la discipline reine un enseignement *laïque* détaché des paroisses psychanalytiques.

À partir des années quatre-vingt-dix, toutes les nominations universitaires émanant de la XVIe section du CNU furent soumises au pouvoir blafard de l'expertise et de l'évaluation. En conséquence, désormais, plus les publications d'un candidat sont jugées « scientifiquement correctes », selon les critères des revues dites « à comité anonyme », plus celui-ci a de chances d'obtenir un poste. On comprend alors pourquoi, contestée par une psychologie de plus en plus expérimentaliste, cognitiviste ou comportementaliste, la psychologie clinique classique a de fortes chances de disparaître de l'enseignement universitaire, bientôt suivie de la psychanalyse – toutes tendances confondues – et d'être remplacée par les TCC.

Car tel est bien le projet du ministre bienveillant qui se veut le protecteur en France de la discipline reine. Au vu de cette politique, condamnée fortement par Roland Gori, on se demande pourquoi les psychanalystes donneurs d'annuaires, dont certains sont universitaires, ont pu ainsi contribuer à leur propre anéantissement. Quand ils seront contraints d'enseigner eux-mêmes, à l'université, les principes des TCC, peut-être changeront-ils d'avis et auront-ils alors moins peur d'être débordés par les psychothérapeutes incontrôlables ? chassés de la cité ? Mais qui, alors, leur viendra en aide ?

V

Du bon et du mauvais gouvernement

«Je ne sais, écrivait Freud en 1928, s'adressant au pasteur Oskar Pfister, si vous avez saisi le lien secret entre *L'Analyse par les non-médecins* et *L'Illusion*. Dans l'un je veux protéger l'analyse contre les médecins, dans l'autre contre les prêtres. Je voudrais lui assigner un statut qui n'existe pas encore, le statut de pasteur d'âme *séculier* qui n'aurait pas besoin d'être médecin et pas le droit d'être prêtre.» Et plus loin : «Il me semble que l'analyse en tant que telle doit être une affaire purement "séculière". De par son essence, elle est strictement privée et ne produit pas directement de valeurs [1].»

1. *Correspondance de Sigmund Freud avec le pasteur Pfister* (1909-1939), Paris Gallimard, 1966. Freud fait allusion à *La Question de l'analyse profane*, *op. cit.*, et à *L'Avenir d'une illusion* (1927), in *Œuvres complètes.*, t. XVIII, Paris, PUF, 1994.

Ainsi, Freud ne considérait pas que la psychanalyse puisse être une « profession ». Il la regardait plutôt, du point de vue théorique, comme un système de pensée, et, du point de vue clinique, comme un art. En conséquence, à ses yeux, sa *laïcité* ne pouvait être garantie que par l'existence d'institutions spécifiques. Mais s'il concevait la psychanalyse comme une discipline à part entière, irréductible à une activité de guérison ou à une profession de santé, Freud soulignait également qu'elle s'apparentait à une psychothérapie et que plus elle aurait de succès auprès des masses, plus elle serait contrainte de s'adapter à de nouvelles réalités sociales et donc de se rapprocher de ce qui caractérise la psychothérapie : la guérison immédiate des symptômes et la réponse à la demande de bien-être du patient : « Tout porte à croire, disait-il, que vu l'application massive de notre thérapeutique, nous serons obligés de mêler à l'or pur de l'analyse une quantité considérable du cuivre de la suggestion directe[1]. »

Ces deux affirmations freudiennes témoignent de la contradiction inhérente au statut de la psychanalyse.

En effet, si le psychanalyste est un « pasteur d'âme séculier », son statut est celui d'une sorte de philosophe socratique, amateur et profane, et il ne saurait donc, en aucun cas, être assimilé à un thérapeute, et encore moins à un professionnel de la santé. Mais si, d'un autre côté, il traite ses patients

1. Sigmund Freud, « Perspectives d'avenir de la thérapeutique analytique »(1910), in *La Technique psychanalytique*, Paris, PUF, 1953.

dans une perspective psychopathologique, il agit en thérapeute et sa pratique relève, du moins dans les États démocratiques modernes, d'une politique de santé publique.

S'il existe une contradiction interne à la situation de psychanalyste – pasteur d'âme séculier d'un côté, thérapeute de l'autre –, il en existe une autre, tout aussi importante, entre le statut *laïque* de la discipline psychanalytique et son mode de transmission.

En allemand, le terme *laien,* utilisé le plus souvent par Freud pour définir la psychanalyse laïque (*Laienanalyse*), peut être employé pour désigner ce qui est profane, c'est-à-dire étranger au religieux et au sacré. Dans cette acception, il s'oppose à la notion de laïcité, car il implique l'idée de désenchantement, de désillusion mais aussi d'incompétence. Être profane, c'est n'être pas initié à un art ou à une pratique, et c'est donc être aussi un amateur. Autrement dit, le terme *Laienanalyse* réunit trois significations diverses : le laïque, le profane, l'amateur et donc l'incompétent. Et pourtant, il est revendiqué de façon positive par Freud.

En français, les deux termes – laïque et profane – ne se recoupent pas. Car la notion de laïcité renvoie traditionnellement à ce qui ne fait pas partie du clergé. En outre, à partir de la Révolution de 1789, puis avec la loi de 1905 sur la séparation de l'Église et de l'État, le terme de laïcité porte en lui le signe, sinon d'un anticléricalisme militant, du moins celui d'un engagement politique en faveur d'une liberté conçue sur le modèle d'un refus de toute emprise religieuse sur le corps de la nation et sur la conscience des citoyens.

Dans cette perspective, la psychanalyse peut être dite *profane* si elle est pratiquée par des amateurs n'appartenant pas à une corporation professionnelle, sans pour autant être dite *laïque*, c'est-à-dire radicalement engagée contre la religion dans une lutte pour la citoyenneté. Mais si la psychanalyse veut être à la fois profane et laïque – c'est-à-dire pratiquée par des amateurs et dégagée de toute religion et donc des prêtres –, elle doit relier en un seul vocable deux désignations différentes qui n'ont pas grand-chose à voir l'une avec l'autre, sinon qu'elles s'opposent toutes les deux au sacré et à la religion [1]. Mais comment un psychanalyste peut-il rester un « amateur » dès lors que tout thérapeute est assimilé, dans les États démocratiques, à un professionnel de la santé ?

Dans un texte de 1919 consacré à la transmission de la psychanalyse, Freud souligne que celle-ci peut fort bien être enseignée à l'université : en tant que discipline, elle n'a pas besoin de la cure pour exister, et ses concepts peuvent être élaborés, réinventés, critiqués, transmis en dehors de tout travail clinique. Si un tel enseignement était institué, poursuit Freud, il pourrait non seulement féconder les autres disciplines mais aider les médecins à mieux comprendre les problèmes psychiques de leurs patients, ce qui leur

1. Marie Bonaparte avait traduit le terme par « psychanalyse pratiquée par les non-médecins ». Ses successeurs avancèrent l'expression « analyse laïque », et aujourd'hui on parle plutôt d'analyse profane. En anglais, on dit *lay-analysis.*

éviterait de s'en remettre à des charlatans. En revanche, Freud réaffirme que seule la traversée de la cure peut assurer la formation clinique et didactique d'un psychanalyste.

À cette date, il considère que seuls les psychanalystes formés au sein de l'IPA, c'est-à-dire selon des critères définis par une institution privée autoréférencée, sont habilités à enseigner la psychanalyse à l'université. Autrement dit, la *laïcité* de la psychanalyse, c'est-à-dire son indépendance à l'égard de tout pouvoir – religieux, étatique, médical, universitaire –, découle, selon lui, du fait qu'elle est « exclue de l'université », car, dit-il, ce qui a produit son organisation *laïque*, c'est cette exclusion même : « Et si celle-ci se maintient dans l'avenir, elle continuera certainement à fonctionner de façon satisfaisante[1]. »

Bien entendu, si Freud avait raison de préserver la formation clinique des psychanalystes de toute forme d'emprise religieuse, médicale ou étatique, il s'est en revanche entièrement trompé sur ce qu'il allait advenir des relations de la psychanalyse avec l'État : avec l'université d'une part, avec les politiques de santé publique de l'autre.

Cela tient à sa méconnaissance – et à celle de ses héritiers – de l'essence même de l'université. Issue du grand modèle européen médiéval, l'université, telle qu'elle a été reconduite par la quasi-totalité des sociétés démocratiques modernes, repose sur une

1. Sigmund Freud, « Faut-il enseigner la psychanalyse à l'université ? », in *Œuvres complètes,* t. XV, Paris, PUF, 1996.

exigence unique selon laquelle tout État doit reconnaître *inconditionnellement* sa liberté, c'est-à-dire le droit pour ceux qui y sont attachés, comme enseignants ou comme étudiants, de dire publiquement tout ce que réclament une recherche, un savoir ou une pensée de la vérité[1]. Or ce principe d'inconditionnalité est en contradiction flagrante, non pas avec la discipline freudienne en tant que savoir enseignable selon des critères « objectifs », mais avec la conception de la laïcité revendiquée par les associations psychanalytiques. Celles-ci se sont en effet toujours regardées comme « propriétaires » du savoir freudien et comme seules habilitées à dire sa vérité, au point d'ailleurs de désigner comme « charlatan » ou « intellectuel autoproclamé » tout écrivain, tout chercheur ou tout universitaire qui prétendrait se dire freudien ou travailler sur le corpus freudien sans appartenir à une paroisse labellisée.

Une telle conception de la laïcité n'a, en fait, rien de « laïque ». Car s'il est légitime que les associations psychanalytiques soient habilitées à former librement des thérapeutes, selon des critères définis par elles et en dehors de toute emprise étatique, il est impensable qu'elles puissent se proclamer les détentrices exclusives d'une discipline qui appartient désormais à l'humanité tout entière. Si la psychanalyse n'est pas un savoir occulte dont l'enseignement devrait être réservé à des associations privées, des Églises, des paroisses ou des sectes, elle devient nécessairement

1. Cf. Jacques Derrida, *L'Université sans condition*, Paris, Galilée, 2001.

une discipline à part entière. En conséquence, rien ne s'oppose à ce qu'elle soit enseignée à l'université, de façon réellement *laïque*, par des enseignants diplômés et non psychanalystes qui souhaiteraient en faire un objet d'étude et de recherches : psychologues, philosophes, littéraires, anthropologues ou historiens. Mais en tant que savoir occulte, délivré par des paroisses, elle ne saurait en aucune façon s'instituer en discipline *laïque* (au sens de la laïcité universitaire).

Comme on le voit, les choses ne sont pas simples. Car si la psychanalyse n'a jamais pu être reconnue par les institutions d'État comme une discipline à part entière au même titre que la psychologie, la sociologie ou l'anthropologie, c'est précisément parce qu'elle n'est pas entièrement laïcisée et qu'elle reste en partie, du fait de son ancrage dans une formation de type « initiatique », la propriété des associations psychanalytiques.

En France, pays par excellence à la fois freudien et laïque, il n'existe aucune chaire de psychanalyse dans les hautes institutions de la République, où elle a toujours été l'objet d'un ostracisme : ni à l'École des hautes études, ni au Collège de France[1]. Aussi la discipline freudienne est-elle enseignée à l'université, comme nous l'avons vu, de façon indirecte, sinon officieuse, dans des départements de sciences humaines ou de lettres. Et pour que les cliniciens qui

1. Cf. Michel Plon, « Une place introuvable », in *La Psychanalyse : chercher, inventer, réinventer* (coll.), Ramonville-Saint-Agne, Érès, 2004.

la pratiquent puissent être qualifiés comme professionnels de la santé, encore faut-il qu'ils soient titulaires de diplômes. Sinon, ils ne pourront exercer leur art qu'en tant qu'« amateurs » : autrement dit dans le privé, et non pas dans des institutions publiques.

Tout se passe donc comme si, à force de se vouloir *profane* ou *laïque*, c'est-à-dire indépendante de tout pouvoir étatique, médical ou religieux, la psychanalyse était devenue cléricale d'une part, du fait de son inféodation à des associations privées, et professionnalisée de l'autre, du fait de l'insertion de ses cliniciens dans un statut de thérapeute dépendant du Code de la santé publique.

Et c'est bien pourquoi il existe aujourd'hui un véritable antagonisme entre l'université et les sociétés psychanalytiques. N'étant plus les bastions ou les annexes desdites sociétés, les départements de psychologie clinique sont sans doute plus « laïques » que les paroisses psychanalytiques soucieuses d'être protégées par l'État. Mais pour qu'ils le demeurent, encore faudrait-il qu'ils parviennent à échapper à l'idéologie de l'expertise imposée par les autres branches de la psychologie[1].

Cette situation d'exclusion et d'inclusion donne à la discipline freudienne un étrange visage. À la fois externe aux institutions étatiques, qui la tolèrent, et interne à chaque discipline qui la prend en compte, elle ressemble à un savoir nomade, indéfinissable, subversif, dérangeant, toujours campé à la frontière,

1. Telle est la revendication de Roland Gori.

et sans cesse menacé de charlatanisme. Immigrée, sans passeport, sans papiers et pourtant reconnue, célébrée ou haïe, la psychanalyse est un *pharmakon* dont les États démocratiques ne cessent de vouloir se débarrasser sans jamais y parvenir. Et c'est pour cette raison que les psychanalystes ont toujours et partout acquis des diplômes susceptibles de les protéger de toute ingérence étatique dans leur pratique.

À mesure que disparaissaient les grands maîtres à penser, seuls capables d'effectuer une rénovation de la doctrine, les sociétés psychanalytiques, toutes tendances confondues, se sont transformées en corporations de praticiens. En conséquence, elles ont cessé d'être ces écoles socratiques de type « profane » où se transmettait, à une élite renouvelée, un savoir scientifique, philosophique et littéraire de haut niveau, pour devenir progressivement, et sans même s'en rendre compte, des associations de professionnels de la santé. Et pourtant, comme le souligne Jacques Derrida, la « situation analytique, dans ses prémisses minimales », devrait rester « indifférente à tout souci de santé publique, voire [...], et la chose est aussi difficile que débattue, à tout souci strictement thérapeutique, à la question d'une certaine normalité surnommée "santé" en général, avant même sa spécification en "santé publique" [1] ».

Composées aujourd'hui en majorité de psychologues cliniciens ayant acquis eux-mêmes le statut de

1. Jacques Derrida, « Substitutions », *Toxicomanie et devenir de l'humanité,* Paris, Odile Jacob, 2001.

professionnels de la santé, ces sociétés n'ont plus d'aspiration intellectuelle, même si elles comptent dans leurs rangs d'excellents cliniciens sérieusement formés. Elles ont choisi, comme l'avait fait Ernest Jones, de se consacrer au règlement des conditions sociales de l'exercice de la psychanalyse plutôt que de dire « ce qu'est la psychanalyse et ce qu'elle ne saurait être sans se perdre[1] ». Quant aux membres des « bonnes » sociétés lacaniennes, désormais subordonnées à l'IPA, le deuil de la figure du maître les a conduits, non pas à la sagesse ou à la réconcialition avec l'éthique freudienne, mais à la normalisation professionnelle et finalement, par auto-immunisation, à la détestation des « autres ».

Ces sociétés ne veulent plus changer le monde, ni transmettre à leurs adhérents quelque idéal de liberté ou de rébellion que ce soit, ni même s'engager dans la moindre tentative politique de contestation du biopouvoir. Elles se réclament de leur pratique et exclusivement de la clinique, comme si rien d'autre n'existait au-delà du divan ou du cabinet de consultation que la terreur du chômage ou de la concurrence. Aussi sont-elles fermées à toutes les luttes d'émancipation venues de la société civile : lutte des femmes, lutte des opprimés, lutte des homosexuels, lutte des intellectuels, etc. Car elles ont abandonné le message freudien originel pour se convertir au nouvel ordre du libéralisme étatique fondé sur l'idéologie de l'expertise,

1. Michel Schneider, « La "question" en débat », in Sigmund Freud, *La Question de l'analyse profane, op. cit.*, p. 178.

du scientisme et de l'adhésion à des normes imposées de l'extérieur. En outre, pour se protéger de tout regard critique, elles produisent des récits hagiographiques et des histoires pieuses destinés à prouver à leurs membres, inquiets de leur avenir, que tout va bien dans le meilleur des mondes[1].

Bien entendu, ces sociétés, comme les prisonniers de la caverne, continuent à rêver de leur splendeur passée. Et du coup, cherchant appui du côté de la puissance publique, elles s'en prennent aux psychothérapeutes, aux marginaux, aux indépendants, aux non-inscrits, aux « mauvais lacaniens », aux charlatans…

Dans de nombreux pays démocratiques, mais plus encore en Europe ou aux États-Unis, où elles ont acquis une forte puissance sociale, les sociétés psychanalytiques ont fait allégeance aux différents systèmes étatiques ou administratifs qui visaient à les réduire à n'être plus que des corporations de santé au nom de la « sécurisation » des populations. Elles ressemblent désormais aux patients dont elles s'occupent : elles aspirent à être libres de se gouverner sans ingérence étatique, mais elles réclament aussi de l'État qu'il les protège contre les charlatans.

En 1927, lors du grand débat sur la question de l'analyse profane, qui opposa les partisans d'une inféodation de la psychanalyse à la médecine à ceux qui préféraient qu'elle restât extérieure à celle-ci, deux argumentations majeures furent avancées qui méritent

1. Cf. Marilia Aisenstein, « La psychanalyse va mieux », *Libération*, 9 mars 2004.

réflexion aujourd'hui. Ernest Jones pensait que sous la houlette de la médecine – discipline reine – la psychanalyse pourrait absorber toutes les autres thérapies psychiques (psychologie, psychothérapie, psychiatrie) et devenir ainsi, à son tour, la doctrine impériale en ce domaine. Freud, au contraire, craignait que cette inféodation ne tue l'essence même de la psychanalyse en tant que système de pensée : « Je veux être sûr que l'on empêchera la thérapeutique de tuer la science », disait-il. Aussi bien prévoyait-il que, dans un avenir radieux, le mouvement psychanalytique parviendrait à créer des écoles spécifiques semblables aux grandes institutions universitaires européennes et capables d'enseigner toutes les diciplines nécessaires à la formation d'un analyste qui ne serait pas seulement un clinicien mais un homme de science, humaniste, cultivé, lettré.

Ni Jones ni Freud n'avaient imaginé la suite. Non seulement la psychanalyse, même sous la houlette de la médecine, n'est pas parvenue à s'imposer aux psychothérapies, mais elle n'a jamais pu être enseignée dans ces fameuses écoles dont rêvait Freud [1]. Comme il le craignait, « la thérapeutique a tué la science » et les psychanalystes sont devenus des professionnels de la santé.

En conséquence, pour son malheur, la psychanalyse, telle qu'elle est transmise aujourd'hui par ses

1. En France, René Major a repris ce projet en proposant de créer un Institut des hautes études en psychanalyse. Les psychothérapeutes ont fait de même en projetant de fonder un Institut des hautes études en psychothérapie.

associations, est devenue l'équivalent d'une psychothérapie : elle n'est plus que technique et clinique. Et en renonçant à être autre chose que des professionnels de la santé, les psychanalystes ont rejoint les psychothérapeutes, leurs frères ennemis, qui se sont de tout temps regardés comme des écouteurs de la souffrance de l'âme et qui, de ce fait, ont toujours voulu, contrairement aux psychanalystes, que leur statut fût reconnu par l'État au même titre que celui de psychologue.

Dans quarante-cinq pays du monde, ils se sont ainsi organisés pour réclamer à la puissance publique la reconnaissance de leur activité qu'ils désignent de la façon suivante : « La psychothérapie est l'application systématique de méthodes précises dans le traitement de la souffrance psychique et des maladies psychosomatiques, ainsi qu'à l'occasion des crises existentielles, d'origines diverses. Le fondement du traitement est la relation entre le psychothérapeute et son patient ou son client en termes non médicaux. Le groupe cible pour la psychothérapie comprend les personnes souffrant de problèmes émotionnels mais aussi celles qui voudraient élargir leurs possibilités d'action sociale et introspective. Ainsi, la psychothérapie s'avère, dans de nombreux cas, préventive [1]. »

Suivant l'exemple des psychanalystes, les psychothérapeutes ont adopté comme critères de formation la thérapie personnelle, équivalent de la psychanalyse

1. *Globalized Psychotherapy*, ouvrage collectif, Vienne, Londres, 2002.

didactique, la supervision (ou contrôle) qui permet à un candidat de rendre compte de sa pratique à un thérapeute habilité, et enfin l'enseignement théorique et doctrinal. Comme les psychanalystes, ils se sont regroupés en de multiples associations internationales ou fédératives, et comme eux, quand ils possédaient des diplômes d'État, ils ont pu délivrer un enseignement à l'université portant par exemple sur leur histoire ou leurs techniques. Enfin, ils ont classé les psychothérapies en sept courants, parmi lesquels ils ont inclus les grandes écoles de psychiatrie dynamique : psychanalyse, psychologie analytique, psychologie clinique, psychologie indviduelle. À quoi ils ont ajouté les approches comportementales, les thérapies familiales systémiques, les approches dites « humanistes », « hypnotiques » de relaxation, et enfin les thérapies dites « intégratives ».

Quant aux psychanalystes, débordés par les psychothérapeutes, ils ont décidé, eux aussi, de réclamer à l'État, tantôt une reconnaissance spécifique qui les distinguerait de leurs frères ennemis, tantôt une accréditation qui les ferait entrer, à leur côté, dans la corporation des professionnels de la santé.

Face à cette double demande, et dans le contexte d'une extension de l'idéologie de l'expertise promue par les politiques de santé publique, les États démocratiques ont réagi de trois manières : soit par une législation de type libéral, accompagnée ou non d'une procédure dite « d'accréditation » (États-Unis, Royaume-Uni), et autorisant les associations concernées à s'autoréglementer et à s'autoévaluer selon leurs propres critères ; soit en imposant un contrôle autoritaire (Allemagne) qui fait passer lesdites associations sous la coupe d'un biopouvoir normalisant exercé par des membres du corps médical ; soit en créant un statut légal de la profession de psychothérapeute, dépendant ou non d'un monopole attribué au pouvoir médical (Autriche, Italie).

Aux États-Unis, à mesure que la psychiatrie sombrait dans le biologisme pharmacologique, les psychanalystes, sans pour autant dénoncer cette dérive à laquelle, par ailleurs, ils avaient collaboré[1], se rapprochèrent des psychologues pour être mieux reconnus comme de véritables psychothérapeutes, au même titre d'ailleurs que les autres psychothérapeutes, eux-mêmes auto-organisés ou « accrédités » et détenteurs de diplômes divers : éducateurs, infirmiers, médecins, psychiatres, psychologues, travailleurs sociaux, ostéopathes, etc.

Entre 2000 et 2003, ils ont créé un Conseil d'accréditation pour l'enseignement de la psychanalyse, le Psychanalytic Consortium[2], ce qui les a conduits à

1. Ce sont en effet des psychanalystes qui ont élaboré le *DSM*. Cf. Stuart Kirk et Herb Kutchins, *Aimez-vous le DSM ? Le triomphe de la psychiatrie américaine* (New York, 1992), Le Plessis-Robinson, Synthélabo, coll. « Les empêcheurs de penser en rond », 1998 ; et Élisabeth Roudinesco, *Pourquoi la psychanalyse ?, op. cit.*

2. Le document fondateur du Psychoanalytic Consortium a été ratifié par l'American Academy of Psychoanalysis, le National Membership Committee on Psychoanalysis Social Work, la Division of Psychoanalysis de l'American Psychological Association, et l'American Psychoanalytic Association, composante régionale de l'IPA.

définir les modalités spécifiques de formation retenues dans leurs instituts. Comme les psychothérapeutes, ils ont accepté dans leurs rangs des candidats issus des diverses professions de santé. À la psychanalyse ils ont conféré le statut d'une psychothérapie particulière, en oubliant qu'elle est avant tout une discipline à part entière, non réductible à une technique de soin : « La psychanalyse est une forme spécifique de psychothérapie individuelle ayant pour but d'amener à la conscience les éléments et processus mentaux inconscients afin d'élargir la compréhension de l'individu, d'améliorer l'adaptation dans de multiples sphères de fonctionnement, d'alléger les symptômes du désordre mental et de faciliter la transformation du caractère et le développement émotionnel. Le travail psychanalytique se caractérise par la profondeur et l'intensité, réalisées dans le cadre de séances fréquentes sur une période de longue durée [1]. »

C'est ainsi que si les psychothérapeutes du monde entier classent la psychanalyse parmi les psychothérapies, les psychanalystes américains la désignent comme une psychothérapie. Où est la différence ?

C'est bien parce qu'ils sont devenus des psychothérapeutes parmi d'autres que les psychanalystes américains ont perdu leur identité. Comme tous les praticiens des professions de santé, ils sont victimes de la judiciarisation excessive qui a transformé de fond en comble,

1. Psychoanalytic Consortium, document fondateur. Cf. également Paola Mieli, « Quelques considérations relatives au rapport du Psychoanalytic Consortium sur la formation psychanalytique. Lettre ouverte aux collègues américains », inédit.

depuis 1975, les relations entre les thérapeutes et les patients. Accusés d'abus, menacés de procès quand ils ne parviennent pas à empêcher un suicidaire de se donner la mort, évalués en permanence par des experts incompétents qui prétendent tester l'efficacité des cures à l'aide de placebos, ou poursuivis par des parents souvent mécontents des traitements proposés à leurs enfants, ils ont déserté la recherche érudite et fondamentale. On sait, en effet, que les meilleurs travaux américains sur Freud, sur la psychanalyse, sur l'histoire de celle-ci et sur ses relations avec les humanités sont désormais effectués, dans les grandes universités de lettres, par des chercheurs de haut niveau qui ne sont ni psychanalystes ni même analysés et qui, bien souvent, n'ont aucun contact avec les corporations psychanalytiques.

Trente ans après la Deuxième Guerre mondiale, l'Autriche était en passe de devenir le plus grand bastion des psychothérapies, tandis que la Grande-Bretagne d'un côté et la France de l'autre demeuraient les deux pays les plus freudiens d'Europe, le premier à cause de son exceptionnelle tradition clinique (Melanie Klein, Anna Freud, Winnicott, etc.), le second du fait de la rénovation lacanienne.

En 1981, les psychothérapeutes autrichiens parvinrent à briser le monopole qui réservait aux seuls médecins le droit de pratiquer des psychothérapies. Ils créèrent alors la Umbrella Organization of Psychotherapy Associations, laquelle accueillit en son sein des représentants de toutes les méthodes et des praticiens issus de toutes les professions de santé : psychologues, travailleurs sociaux, éducateurs, etc.

Onze ans plus tard, regroupés en une puissante association, ils obtinrent de l'État, fait unique en Europe, la reconnaissance officielle de leur statut et la prise en charge, par les services de santé, de certains patients dont les cures purent alors être remboursées.

Dans ce contexte, la psychanalyse est considérée par l'État comme une psychothérapie particulière, qu'elle soit pratiquée par des médecins, des psychologues ou des psychothérapeutes [1]. Quant aux psychanalystes, très peu nombreux du fait de l'exil de Freud et de tous ses compagnons en 1938, ils se répartissent en deux groupes : les uns affiliés à l'IPA, les autres d'obédience lacanienne et issus des Cercles de psychologie des profondeurs fondés par Igor Garuso en 1947. Souvent esthètes et érudits, ils tiennent à se démarquer des psychothérapeutes dans un pays qui a effacé de son histoire le nom de Freud.

En Grande-Bretagne, en un premier temps, et comme l'avait prévu Jones, la psychanalyse devint, sous la houlette de la médecine, la discipline reine au sein des psychothérapies. Et celles-ci prirent alors un essor important dans les cliniques anglaises, et notamment à la Tavistock Clinic où étaient traités des patients psychotiques ou *borderline* [2]. Mais, à partir de

1. Il y a, en Autriche, 5 367 psychothérapeutes en exercice, 85 psychanalystes membres de la Wiener Psychoanalytische Vereinigung (WPW) et une centaine de psychanalystes lacaniens ou membres des Cercles d'Igor Caruso. Cf. Élisabeth Roudinesco et Michel Plon, *Dictionnaire de la psychanalyse, op. cit.*

2. *Borderline state* : terme utilisé par les cliniciens américains et anglo-saxons pour désigner des troubles de la personnalité et de l'identité qui sont à la frontière de la névrose et de la psychose.

1960, un lent déclin marqua les cliniciens, regroupés dans la prestigieuse British Psychoanalytical Society (BPS), pourtant seule habilitée à se désigner comme « psychanalytique » après avoir accueilli Freud et sa famille en 1938. C'est alors que les psychothérapeutes commencèrent à s'auto-organiser en créant la British Association of Counselling sans que jamais l'État intervienne puisqu'au Royaume-Uni toutes les professions de santé, y compris la médecine, relèvent d'un statut privé, chacune dépendant d'un organisme doté d'une législation spécifique. En conséquence, les psychothérapeutes ont reçu des formations diversifiées. Bon nombre d'entre eux sont médecins, psychiatres ou psychologues, mais d'autres peuvent tout aussi bien être travailleurs sociaux, infirmiers, prêtres, ou appartenir à des professions paramédicales.

En s'autodésignant comme une profession « d'aide verbale » et en se séparant en 1992 des psychanalystes de la BPS, qui créèrent alors leur propre association de « psychothérapie psychanalytique », les psychothérapeutes de toutes tendances sont parvenus à s'unir pour fonder en 1993 le United Kingdom Council of Psychotherapy (UKCP). Cet organisme regroupe aujourd'hui quatre-vingts organisations, et notamment celles qui pratiquent les nouvelles thérapies, les psychothérapies classiques, les thérapies comportementales, mais aussi des groupes psychanalytiques non affiliés à la BPS, et souvent d'obédience lacanienne, ainsi que toutes sortes de pratiques cliniques issues tantôt des écoles de psychiatrie dynamique (Association of Jungian Analysts), tantôt de mouvements thérapeutiques venus de la société civile (Women Therapy Center, par exemple)[1]. L'UKCP se définit lui-même comme une association caritative[2] ayant pour objectif de « promouvoir l'art et la science de la psychotherapie au service du public ainsi que la recherche et la formation ». Cependant, comme le souligne Adrian Rhodes, l'UKCP est loin d'organiser l'ensemble des psychothérapeutes, dont l'effectif est en progression constante en Grande-Bretagne : il existe, en effet, environ quatre mille praticiens non « contrôlés » et non « enregistrés » – et rien ne permet d'affirmer qu'ils sont des « charlatans »[3]. Seule la BPS désigne comme charlatan tout psychanalyste qui ne fait pas partie de son sérail, et notamment les lacaniens.

Dans les deux grands pays qui furent les initiateurs du nazisme, d'une part, et du fascisme, de l'autre, l'Allemagne et l'Italie, la psychanalyse ne parvint jamais à se réimplanter du fait de l'exil massif de ses maîtres fondateurs. En Allemagne, elle fut stigmatisée, en tant que telle, comme une « science juive ». Il fallait donc détruire ses institutions, éradiquer son vocabulaire, son influence culturelle, ses concepts. Après 1945, ses praticiens furent soumis à des législations étatiques de type autoritaire ou bureaucratique.

1. *National Register of Psychotherapists,* UKCP, 1998 et 2003. 6000 psychothérapeutes sont enregistrés dans cet annuaire. Quant à la BPS, elle compte 300 membres. Cf. *Membership Handbook and Roster*, IPA, 2003.

2. Selon la loi de 1901.

3. Cf. Adrian M. Rhodes, « L'histoire de l'UKCP », *La Psychothérapie au XXIe siècle, op. cit.*, p. 132.

Par la suite, elle fut regardée comme une psychothérapie ordinaire et, comme les autres psychothérapies, inféodée au pouvoir médical et intégrée aux professions de santé. Seuls peuvent aujourd'hui la pratiquer « librement » les diplômés d'État, psychologues ou psychiatres. Tous les autres thérapeutes sont soumis, quelle que soit leur formation, à l'obligation d'une prescription délivrée par un médecin. En conséquence, contrairement au patient anglais, que l'État considère comme suffisamment éclairé pour choisir librement son thérapeute, le patient allemand est privé de ce droit, à moins qu'il ne décide de s'échapper du système de santé en ayant recours, à ses risques et périls, à des praticiens que l'État regarde comme des « charlatans ». Les cures sont « expertisées » par des représentants des caisses d'assurance-maladie, publiques ou privées, qui peuvent les interrompre à tout moment et qui définissent à l'avance le nombre de séances requises pour telle ou telle pathologie. En conséquence, les thérapies cognitivo-comportementales fleurissent dans un pays où, faute d'un nombre de lecteurs suffisant, l'œuvre complète de Freud n'a jamais pu être rééditée correctement dans sa langue originale, malgré les efforts d'Ilse Grubrich-Simitis, la meilleure spécialiste mondiale des manuscrits du maître.

En Italie, par la loi Ossicini[1] du 18 février 1989, le statut des psychothérapies est entièrement réglementé par suite de la création d'un Conseil de l'Ordre des

1. Du nom d'Adriano Ossicini, député communiste refondateur (PDS).

psychologues conçu sur le modèle de celui des médecins. En conséquence, seuls les psychologues, les médecins et les chirurgiens sont habilités à pratiquer des psychothérapies, sans qu'aucun statut spécifique soit accordé aux psychothérapeutes ou aux psychanalystes non diplômés et susceptibles, à tout moment, quelle que soit leur formation, d'être poursuivis pour exercice illégal de la psychothérapie.

Cependant, il est vrai, le Conseil de l'Ordre des psychologues définit le cadre dans lequel ces institutions de psychothérapie peuvent être accréditées par l'État lorsque ses membres ne disposent pas des diplômes requis[1]. Comme le mot « psychanalyse » n'est pas mentionné dans la loi, celle-ci échappe à toute réglementation… mais n'a aucune existence légale. Du coup, redoutant les effets pervers d'une loi qui place les psychologues et les médecins au sommet de la hiérarchie pour l'accréditation des psychothérapies, les psychanalystes ont décidé de faire accréditer leurs écoles de formation comme des instituts de psychothérapie. Pour être certains d'obtenir la qualification, les membres de la Societa Psicoanalitica Italiana (SPI), affiliée à l'IPA, et ceux de trois associations d'obédience lacanienne, ont accepté que la psychanalyse devienne ainsi une psychothérapie parmi d'autres et que sa spécialité scientifique soit abolie[2].

---

1. Cf. Gilbert Diatkine et Alain Gibeault, « Vers un statut européen de la psychanalyse », in *Monographies de la Revue française de psychanalyse. La psychanalyse et l'Europe de 1993,* Paris, PUF, 1993.

2. Témoignage de Sergio Benvenuto, 15 mars 2004.

Quant aux psychanalystes qui refusent ce cadre, ils sont laissés en paix, puisque la loi ne mentionne pas leur discipline. Mais rien n'empêche, en cas de plainte d'un patient, qu'ils soient poursuivis pour exercice illégal de la psychologie et de la psychothérapie, dans l'hypothèse où ils ne seraient pas diplômés. En conséquence le patient italien, comme le patient allemand – et au contraire du patient anglais –, n'est pas entièrement libre de choisir son thérapeute, sauf si, à ses risques et périls, il sort du système imposé pour recourir à un thérapeute non contrôlé par l'Ordre – autrement dit un « charlatan ».

On l'aura compris, plus la relation du thérapeute avec l'État repose sur un système libéral, plus le patient est regardé comme un sujet libre, éclairé, ayant le droit de se soigner auprès de qui il choisira de le faire. Au contraire, plus cette relation repose sur un système autoritaire, arbitraire ou contraignant, plus le patient est considéré comme une victime potentielle, non responsable de ses désirs et de ses demandes. Dans un cas on privilégie le principe de liberté, dans l'autre le principe de sécurité. Mais, quel que soit le système retenu, la psychanalyse est toujours regardée par l'État comme une psychothérapie particulière. Les réglementations libérales favorisent l'expansion des psychothérapies au détriment de la psychanalyse, puisqu'elles supposent une fragmentation de la notion même de subjectivité et une division entre le sujet (universel) et l'individu (relatif, catégoriel) : à chacun sa thérapie, selon « sa différence ». Quant aux réglementations autoritaires, elles ne favorisent ni les psychothérapies ni la psychanalyse mais l'inféodation du psychisme à des politiques étatiques de santé mentale et d'expertise généralisée.

Cependant, les législations – quelles qu'elles soient – ne sont en rien responsables de la perte d'influence de la psychanalyse au profit des psychothérapies. Car c'est bien parce que les sociétés psychanalytiques sont devenues des corporations de santé, en abandonnant la science au profit de la thérapie – la recherche fondamentale, « laïque », au profit de la paroisse –, qu'elles se sont elles-mêmes désignées à l'État comme des associations de psychothérapeutes.

En France, jusqu'en octobre 2003, les psychanalystes étaient parvenus à éviter toute forme de réglementation au prix de livrer aux psychothérapeutes une bataille permanente aussi féroce qu'inefficace.

Cependant, dès 1983, Serge Leclaire, plus soucieux de l'esprit des lois et de la dignité de la République freudienne que de revendication catégorielle, avait compris à quel point la psychanalyse était menacée de corporatisme du fait de la sclérose de ses institutions. C'est pourquoi, le 15 décembre 1989, il annonça par voie de presse la création d'une Association pour une instance ordinale des psychanalystes (APUI) : « Depuis une trentaine d'années, disait-il, le mouvement psychanalytique français est le meilleur et le plus vivant du monde. C'est encore vrai, surtout si on le compare aux États-Unis. Or, j'ai l'impression que cela se sclérose dans une espèce de guerre de religions, dans des débats théoriques qui n'apportent plus d'invention. Et il n'est pas souhaitable que le mouvement analytique français aborde l'échéance de 1992[1] dans cet état de faiblesse [...]. Le risque actuel est que l'analyse soit noyée, diluée [...]. La majorité des analystes en France n'ont pas de notoriété. Ils ne sont pas dans des appareils institutionnels. Ils forment une génération de trente-cinq/quarante ans en rien intéressés par la querelle des anciens. Et ceux-là ont besoin d'un lieu, d'un ensemble. C'est la force de notre initiative. Elle n'est marquée d'aucun appareil[2]. »

Suggéré par un haut fonctionnaire de l'État, Alain Gerolami, l'adjectif « ordinal » fit frémir l'ensemble de la communauté psychanalytique française qui en profita pour brocarder le projet en rappelant à son auteur que l'Ordre des médecins avait été fondé par le gouvernement de Vichy. Et pourtant, il visait juste. Car Leclaire, très au courant des diverses législations européennes, se préoccupait déjà des relations entre l'État, les psychothérapies et la psychanalyse. Il ne fut pas écouté[3].

Quelque temps après sa mort, Jacques Sédat modifia la signification de son projet pour entrer, avec ses amis du « groupe de contact », dans la spirale d'un combat méprisant contre les psychothérapeutes qui aboutira au désastre des amendements d'octobre 2003 et de janvier et avril 2004 évoqués au début de ce livre : « Nous

1. Serge Leclaire fait ici allusion à l'Acte unique européen signé le 31 décembre 1992 par les douze États membres de la Communauté économique européenne.

2. Serge Leclaire, « Entretien », *Libération*, 17 janvier 1990. Le document fondateur de l'APUI était signé par Jacques Sédat, Danièle Lévy, Lucien Israël et Philippe Girard.

3. Aujourd'hui, de nombreux psychanalystes, parmi lesquels Jacques-Alain Miller, reconnaissent s'être alors trompés.

sommes aujourd'hui, écrivait Jacques Sédat en 2001, dans une situation où il y a appel à réglementation par le public, appel à réglementation par un certain nombre de psychothérapeutes qui aimeraient bien, peut-être, hausser leur dignité en rangeant la psychanalyse parmi les psychothérapies, et appel à réglementation par la commission Vivien sur les sectes, et par le souci de la protection du public que peuvent avoir des personnes comme le docteur Accoyer, qui a pris cette initiative parlementaire pour insérer la psychothérapie dans le Code de la santé publique, en la réservant aux psychiatres et aux docteurs en psychologie[1]. »

Quand on sait, comme je l'ai montré, que la psychanalyse est devenue l'équivalent « idéologique » d'une psychothérapie du fait de l'orientation de ses associations, quand on sait aussi qu'en 2001 le phénomène sectaire était déjà en régression en France, et quand on sait enfin à quelle catastrophe éthique peut mener, pour tout citoyen, l'application stricte du principe de sécurité au détriment du principe de liberté, on comprendra combien sont rétrogrades, fondamentalement antieuropéens et discutables du point de vue constitutionnel[2] les amendements en

1. Jacques Sédat, « La psychanalyse et l'État », art. cit.

2. Le droit d'amendement est strictement réglementé par la Constitution française. Un amendement est irrecevable si son adoption aggrave les charges publiques, ce qui pourrait être le cas, dans la mesure où celui de Mattei-Giraud risque d'accroître le déficit de la Sécurité sociale si les cures devaient être remboursées. En outre, cet amendement porte atteinte à la liberté d'entreprendre et il met en cause des situations existantes. Enfin et surtout, il introduit une discrimination entre deux types de pratiques similaires aux yeux de la loi : la psychanalyse et la psychothérapie.

question : « Ce gouvernement, écrit François Henri Briard[1], je le dis publiquement, n'a pas le courage de prendre la question à bras-le-corps et d'élaborer un véritable projet de loi [...]. On utilise, en le dévoyant, le procédé de l'amendement raccroché à un texte qui n'a rien à voir avec la psychothérapie et discuté en quelques minutes par quelque douze parlementaires. Il est proprement consternant de constater que l'on fait dans ce pays des lois sur tout et n'importe quoi, c'est ce que le vice-président du Conseil d'État appelle la "gesticulation législative"[2]. »

Non seulement ces amendements prétendent dispenser de la loi une catégorie de citoyens (les psychanalystes) au détriment d'une autre (les psychothérapeutes), mais ils font passer sous la coupe d'un système médical autoritaire et conservateur l'ensemble des médecines de l'âme. Qu'ils aient été voulus, soutenus et ratifiés par les représentants de douze sociétés psychanalytiques françaises confirme bien que la discipline reine est en danger dans ce pays puisqu'un tiers seulement de ses représentants, soutenus par des intellectuels, ont manifesté publiquement leur désaccord avec l'acte du 12 décembre et avec la politique publique de dépistage de la souffrance psychique.

Comment en sortir ? Sans doute faudra-t-il un jour, et le plus tôt sera le mieux, que les psychanalystes,

1. Avocat au Conseil d'État.

2. François-Henri Briard, « L'amendement Accoyer est-il inconstitutionnel ? », *La Psychothérapie au XXIe siècle, op. cit.*, p.139.

devenus, comme les psychothérapeutes, des professionnels de la psyché, puissent proposer à l'État, après avoir réfléchi aux différents systèmes européens que je viens d'évoquer, une réglementation originale, honnête et tenant compte des intérêts et des désirs, non seulement des patients, mais de toutes les « familles » de thérapeutes concernées par la souffrance psychique contemporaine : psychiatres, psychologues, psychanalystes, psychothérapeutes.

« Si je savais une chose utile à ma nation qui fût ruineuse à une autre, disait Montesquieu, je ne la proposerais pas à mon prince, parce que je suis homme avant d'être français ou bien parce que je suis nécessairement homme et que je ne suis français que par hasard. Si je savais quelque chose qui me fût utile et qui fût préjudiciable à ma famille, je la rejetterais de mon esprit. Si je savais quelque chose qui fût utile à ma famille et qui ne le fût pas à ma patrie, je chercherais à l'oublier. Si je savais quelque chose qui fût utile à ma patrie et qui fût préjudiciable à l'Europe ou qui fût utile à l'Europe et préjudiciable au genre humain, je la regarderais comme un crime. »

C'est cela l'esprit des lois.

Annexes

1

Le serment d'Hippocrate[1]

1 – Je jure par Apollon, médecin, par Asclépios, par Hygie et Panacée, par tous les dieux et toutes les déesses, les prenant à témoin, que je remplirai, suivant mes forces et ma capacité, le serment et l'engagement suivants :

2 – Je mettrai mon maître de médecine au même rang que les auteurs de mes jours. Je partagerai avec lui mon avoir, et, le cas échéant, je pourvoirai à ses besoins. Je tiendrai ses enfants pour des frères, et, s'ils désirent apprendre la médecine, je la leur enseignerai sans salaire ni engagement.

3 – Je ferai part des préceptes, des leçons orales et du reste de l'enseignement à mes fils, à ceux de mon maître et aux disciples liés par un engagement et un serment suivant la loi médicale, mais à nul autre.

1. Nous ne pourrons jamais savoir s'il s'agit du texte authentique d'Hippocrate, car la plus ancienne version est consignée dans un manuscrit byzantin du IXe siècle de notre ère (note d'Antoine Courban).

4 – Je dirigerai le régime des malades à leur avantage, suivant mes forces et mon jugement, et je m'abstiendrai de tout mal et de toute injustice.

5 – Je ne remettrai à personne du poison si l'on m'en demande, et ne prendrai l'initiative d'une telle suggestion ; semblablement, je ne remettrai à aucune femme de pessaire abortif.

6 – Je passerai ma vie et j'exercerai mon art dans l'innocence et la pureté.

7 – Je ne pratiquerai pas l'opération de la taille [1]. Je la laisserai aux gens qui s'en occupent.

8 – Dans quelque maison que j'entre, j'y entrerai pour l'utilité de mes malades, me préservant de tout méfait volontaire et corrupteur, et surtout de la séduction des femmes et des garçons, libres ou esclaves.

9 – Quoi que je voie ou entende dans la société pendant l'exercice ou même hors de l'exercice de ma profession, je tairai ce qui n'a jamais besoin d'être divulgué, regardant la discrétion comme un devoir en pareil cas.

10 – Si je remplis ce serment sans l'enfreindre, qu'il me soit donné de jouir heureusement de la vie et de ma profession, honoré à jamais parmi les hommes.

11 – Si je viole ou si je me parjure, puissé-je avoir un sort contraire.

---

1. Extraction de calculs. Le point 6 signifie que le thérapeute se limite à ce qui relève de sa pratique.

2

Essai de classification des médecines de l'âme et du corps[1]

1. Médecines archaïques :

- Médecine pharaonique
- Médecine méso-américaine
- Médecine chinoise
- Médecine indienne (Ayurveda)
- Médecine grecque préhippocratique

2. Médecines magiques et religieuses :

- Chamanisme
- Transe
- Rituel vaudou
- Ashram*

1. * : indication d'une frontière commune possible entre médecine magique, médecine parallèle, secte, psychothérapie.

- Exorcisme
- Pratiques des guérisseurs*, leveurs de sorts*

3. Médecine scientifique (alliance d'une clinique et d'un système de pensée) :

A. Médecine grecque (hippocratique), hellénistique (galénique), byzantine, arabe, latine.

B. Médecine scientifique moderne (XIXe siècle). En France : 196000 praticiens répartis en une quarantaine de spécialités, parmi lesquelles la psychiatrie (13600 praticiens, dont 50 % pratiquent la psychanalyse). Huit millions de patients sont concernés par une approche psychologique (psychologie clinique), un traitement psychique (psychanalyse, psychothérapie) ou la prise de psychotropes (psychiatrie).

C. Professions dites paramédicales : infirmiers, kinésithérapeutes, podologues, orthophonistes, pédicures, etc.

4. Écoles de psychiatrie ou de psychopathologie dites dynamiques ou psychodynamiques (alliance d'une clinique et d'un système de pensée) :

A. Psychanalyse (Sigmund Freud et ses héritiers : six grands courants dans le monde à partir du freudisme classique, dont quatre sont présents dans l'International Psychoanalytical Association (IPA) fondée par Sigmund Freud en 1910 : annafreudisme,

Ego Psychology, Self Psychology, kleinisme, psychanalyse existentielle (*Daseinanalyse),* lacanisme. En France, deux courants principaux (freudisme classique et lacanisme) pour environ 6 000 praticiens et 19 associations.

B. Psychologie clinique (Pierre Janet) : plusieurs spécialités associées aux spécialités médicales : psychosomatique, psycho-oncologie, psychodermatologie, psychogérontologie, etc. En France : 22 000 praticiens, dont 80 % sont formés à la psychanalyse.

C. Psychothérapie institutionnelle (rattachée à la psychiatrie).

D. Psychologie analytique (Carl Gustav Jung). En France : 200 praticiens.

E. Psychologie individuelle (Alfred Adler).

5. Écoles de psychothérapie :

700 appellations dans le monde, 50 en France, 7500 praticiens, dont 500 psychiatres et 1000 psychologues. 75 % d'entre eux pratiquent la psychanalyse. 70 instituts de formation dont 30 environ sont regroupés en deux fédérations (FFdP, AFFOP). Liste non exhaustive :

A. Psychothérapies archaïques ou classiques :
- Magnétisme fluidique (Franz Anton Mesmer)
- Magnétisme simple (Puységur)

- Hypnotisme
- Suggestion
- Méthode cathartique
- Sexothérapie (dérivée de la sexologie)
- Rêve éveillé dirigé

B. Psychothérapies psychiques ou psychocorporelles, dérivées ou dissidentes de la psychanalyse, dites aussi « nouvelles thérapies » :

- Psychodrame
- Psychosynthèse
- Logothérapie
- *Training* autogène
- Thérapie familiale dite « systémique »
- Gestalt-thérapie
- Analyse transactionnelle
- *New Age** (mouvement)
- Développement personnel (mouvement)
- Psychothérapie intégrative
- Psychothérapie Morita
- Ashram*
- Psychothérapie fonctionnelle
- Approche centrée sur la personne
- Hypnothérapie dite « ericksonienne »
- Analyse psycho-organique
- Sophia-analyse
- *Rebirth**
- EmetAnalyse
- Art-thérapie
- Psychogénéalogie

- Programmation neurolinguistique (PNL)
- Kinésiologie*
- Massage sensitif
- Énergie spécifique pour une écologie relationnelle essentielle (ESPERE)
- Affirmation de soi
- Végétothérapie
- Morphoanalyse
- Méthode Vittoz
- Cri primal
- Bioénergie
- Analyse caractérielle (Wilhelm Reich)
- Analyse bioénergétique (Alexander Lowen)
- Coconseil/soutien mutuel
- *Rolfing*
- Sophrologie
- Amourologie
- Relaxation (7 méthodes)
- *Counselling*
- *Coaching*
- Haptonomie

C. Thérapies du comportement dites aussi thérapies cognitivo-comportementales (TCC). En France : 532 praticiens, en majorité des psychiatres, regroupés en deux associations :

- Modification du comportement
- *Deprogramming*
- *Debriefing*
- Désensibilisation par les mouvements oculaires

- Gestion du stress
- Thérapie cognitivo-analytique
- Thérapie comportementale
- Thérapie cognitivo-comportementale
- Thérapie dialectico-comportementale
- Thérapie comportementale et cognitive par la réalité virtuelle

6. Médecines parallèles, dites naturelles ou alternatives, contemporaines de la médecine scientifique moderne, et médecines occultes :

200 dans le monde selon l'OMS (liste non exhaustive). En France : environ 100 000 praticiens médecins ou non-médecins, diplômés ou non diplômés. 30 millions de patients :

- Homéopathie
- Auriculothérapie
- Iridologie
- Chirologie
- Ostéopathie
- Chiropraxie
- Kinésiologie*
- *New Age** (mouvement)
- Phytothérapie
- Aromathérapie
- Gemmothérapie
- Nutritionnisme
- Instinctothérapie
- Macrobiotique

- Spagyrie
- Hydrothérapie
- Mésothérapie
- Neuralthérapie
- Réflexologie plantaire
- Sympathicothérapie
- Médecine anthroposophique*
- Naturopathie
- Galvanisme
- Ventouses
- Saignées
- Endocrinothérapie endogène
- Urinothérapie
- Radiesthésie
- Diagnostic par examen de la langue
- Diagnostic astrologique
- Acupuncture
- Ying Yang
- Astrologie psychanalytique
- Traitements parapsychologiques
- Astrologues guérisseurs
- Voyants
- Guérisseurs*, leveurs de sorts*

3

Les sectes contemporaines

172 répertoriées en France entre 1983 et 1999. 500 000 personnes touchées par le phénomène.

1. Classement général :

- Mouvements sataniques et apocalyptiques
- Groupes néopaïens
- Mouvements occultistes
- Mouvements orientalistes
- Église évangélique
- Groupes guérisseurs

2. Liste non exhaustive :

- Moon
- Raéliens
- Église de scientologie

- Sukyo Mahikari
- Krishna
- Brahma Kumari
- World Spiritual University
- Témoins de Jéhovah
- Mormons
- Waco
- Christian Science
- Ordre du Temple solaire
- Méditation transcendentale*
- Nouvelle Acropole
- Fraternité blanche universelle
- Ecoovie
- Kinésiologie*
- Invitation à la vie intense (IVI)
- Psychanalyse tantrique
- Ashram*
- *New Age** (mouvement)

Table des matières

Histoire de la pensée

Une collection d'essais chez fayard

Mohammad-Ali Amir Moezzi – Christian Jambet
Qu'est-ce que le shî'isme
2004

Aliette Armel
Michel Leiris
1997

Marc Augé
Fictions fin de siècle
suivi de
Que se passe-t-il ?
2000

Marc Augé
Pour quoi vivons-nous ?
2003

Antoine de Baecque,
La Cinéphilie. Invention d'un regard, histoire d'une culture. 1944-1968
2003

Marc Bloch – Lucien Febvre
Correspondance I. La naissance des Annales
Édition établie, présentée et annotée par Bertrand Müller
1994

Marc Bloch – Lucien Febvre
Correspondance II. De Strasbourg à Paris
Édition établie, présentée et annotée par Bertrand Müller
2004

Marc Bloch – Lucien Febvre
Correspondance III. Les Annales en crise
Édition établie, présentée et annotée par Bertrand Müller
2004

George Chauncey
Gay New York. 1890-1940
2003

Christian Delacampagne et Robert Maggiori (dir.)
Philosopher 1
1980, rééd. 2000

Christian Delacampagne et Robert Maggiori (dir.)
Philosopher 2
2000

Georges Devereux
Psychothérapie d'un Indien des plaines
Préface d'Élisabeth Roudinesco
1998

Henri F. Ellenberger
Médecine de l'âme. Essais d'histoire de la folie et des guérisons psychiques
Textes réunis et présentés par Élisabeth Roudinesco
1995

Henri F. Ellenberger
Histoire de la découverte de l'inconscient
Présentation par Élisabeth Roudinesco,
complément bibliographique par Olivier Husson
1994

Didier Eribon
Michel Foucault et ses contemporains
1994

Didier Eribon
Réflexions sur la question gay
1999

Didier Eribon
Une morale du minoritaire. Variation sur un thème de Jean Genet
2001

Didier Eribon
Hérésies. Essais sur la théorie de la sexualité
2003

Lucien Febvre
Lettres à Henri Berr
présentées et annotées par Jacqueline Pluet et Gilles Candar
1997

Élisabeth de Fontenay
Le silence des bêtes. La philosophie à l'épreuve de l'animalité
1998

Marcel Fournier
Marcel Mauss
1994

Guy Hocquenghem
Le désir homosexuel
Préface de René Schérer
2000

Vincent Kaufmann
Guy Debord. La révolution au service de la poésie
2001

Serge Leclaire
Principes d'une psychothérapie des psychoses
Préface et annotation par Élisabeth Roudinesco
1999

Serge Leclaire
Œdipe à Vincennes. Séminaire 69
1999

Michel Leiris
Roussel & Co
Édition établie par Jean Jamin,
présentée et annotée par Annie Le Brun
1998

R. Anthony Lodge
Le français. Histoire d'un dialecte devenu langue
1997

Marcel Mauss
Écrits politiques
Textes réunis et présentés par Marcel Fournier
1997

Laure Murat
Passage de l'Odéon. Sylvia Beach, Adrienne Monnier et la vie littéraire à Paris dans l'entre-deux-guerres
2003

Simone Pétrement
La vie de Simone Weil
1997

Élisabeth Roudinesco
Jacques Lacan. Esquisse d'une vie, histoire d'un système de pensée
1993

Élisabeth Roudinesco
Généalogies
1994

Élisabeth Roudinesco
Histoire de la psychanalyse en France
2 vol.
1994

Élisabeth Roudinesco
Pourquoi la psychanalyse ?
1999

Élisabeth Roudinesco et Michel Plon
Dictionnaire de la psychanalyse (1997), nouvelle édition augmentée
2000

Élisabeth Roudinesco et Jacques Derrida
De quoi demain... Dialogue
2001

Élisabeth Roudinesco
La famille en désordre
2002

Moustapha Safouan
Lacaniana. Les séminaires de Jacques Lacan (1953-1963)
2001

Moustapha Safouan
Dix conférences de psychanalyse
2001

Gisèle Sapiro
La guerre des écrivains. 1940-1953
1999

Carl E. Schorske
De Vienne et d'ailleurs.
Figures culturelles de la modernité
2000

Frank J. Sulloway
Freud, biologiste de l'esprit
Avant-propos d'André Bourguignon,
préface de Michel Plon
1998

Emmanuel Terray
Clausewitz
1999

Cet ouvrage a été composé en Garamond par Palimpseste à Paris

Impression réalisée sur CAMERON par
BRODARD ET TAUPIN
La Flèche

pour le compte des Éditions Fayard
en avril 2004

Imprimé en France
Dépôt légal : mai 2004
N° d'édition : 46632 – N° d'impression : 23933
ISBN : 2-213-62031-8
35-26-2231-5/01